PROSPER BAUR

LÉGENDES

ET

SOUVENIRS DE L'ALSACE

Première Édition

PRIX : 2 FRANCS

PARIS
DENTU, ÉDITEUR
Libraire de la SOCIÉTÉ DES GENS DE LETTRES
15, 17, 19, GALERIE D'ORLÉANS
(PALAIS-ROYAL)
1881

LÉGENDES ET SOUVENIRS

DE

L'ALSACE

A MON AMI

LOUIS MONROSE

Ex-Sociétaire de la Comédie-Française.

Permettez-moi, cher maître, de vous dédier ce modeste opuscule. Acceptez cette dédicace comme un témoignage d'amitié et comme un hommage rendu à votre jugement droit et à votre bon goût. En écrivant ce livre, j'ai voulu payer ma dette au pays qui m'a vu naître. C'est là ma seule excuse; c'est aussi grâce à cette bonne intention que je pense mériter votre indulgence et celle de mes lecteurs.

PROSPER BAUR.

Paris, 1er janvier 1881.

LÉGENDES & SOUVENIRS

DE

L'ALSACE

PAR

PROSPER BAUR

PARIS
DENTU, ÉDITEUR
15, 17 ET 19, GALERIE D'ORLEANS (PALAIS-ROYAL)

1881

PRÉFACE

Forcé de quitter l'Alsace à la suite des désastres de l'année terrible de 1870, je suis venu me réfugier en France, et là, malgré l'accueil sympathique que j'y ai trouvé, malgré les années qui se sont succédé, rapides et fiévreuses, j'ai toujours conservé vivace en mon cœur le souvenir de ce cher pays. Je l'ai pleuré souvent, ce paradis perdu de la France.

Sans cesse ma pensée se reporte vers les rives argentées du Rhin que j'ai parcourues, vers les plaines fécondes que j'ai foulées, vers les montagnes pittoresques où j'ai rêvé; j'ai voulu oublier, je n'ai pu.

Comme le touriste qui, après un voyage lointain, s'empresse, dès qu'il a touché le port, de consigner sur le papier toutes ses impressions, toutes ses aventures, je veux de même retracer fidèlement tout ce que j'ai vu de curieux en Alsace, tout ce que j'y ai appris d'intéressant pendant mes premières années.

Ce petit recueil, écrit familièrement, sans prétention, au hasard de mon imagination, n'aura d'autre mérite que celui d'être sincère.

Je m'étendrai principalement sur les légendes qui ont bercé mon enfance et qui, malgré le temps écoulé, ont conservé un parfum poétique, un attrait romanesque qui saura plaire à tous ceux dont le cœur n'a pas encore été pétrifié par le matérialisme envahissant. Elles forment pour ainsi dire l'histoire racontée, la tradition du pays. Elles renferment, sous une forme parfois futile, des renseignements précieux. Le penseur y trouve un profond sujet de méditation, car, sous une enveloppe surnaturelle, se cachent bien souvent le caractère primitif de toute une nation, sa religion, ses mœurs et ses croyances.

L'Alsace, on le sait, a eu de tout temps un goût prononcé pour le merveilleux. Ses vieilles légendes, aussi nombreuses que variées, formaient autrefois le sujet d'inépuisables causeries pendant les longues veillées d'hiver. Enfants, nous frissonnions au récit de ces contes fantastiques, et, devenus hommes, leur naïveté savait encore nous charmer. Malheureusement, de nos jours ces traditions populaires tendent à se perdre de plus en plus; les vieilles gens se taisent et n'osent plus conter : Ils craignent de voir un sourire moqueur sur les lèvres de leurs auditeurs. Le scepticisme fait de grands pas, et jette au vent les lambeaux épars de cette vieille littérature de nos pères : je me hâte donc, avant qu'elle ne soit entièrement perdue, d'en recueillir quelques débris.

LÉGENDES ET SOUVENIRS

DE

L'ALSACE

LA MALÉDICTION DU MÉNESTREL

A quelques kilomètres de la gracieuse et coquette petite ville de Rosheim, s'élève une montagne abrupte et dénudée. Pour s'y rendre, on traverse des vallées verdoyantes, arrosées de gais ruisseaux, des forêts touffues où mille oiseaux font entendre leurs gazouillements ; dès qu'on atteint le pied de la montagne, toute trace de végétation disparaît pour faire place à l'aridité et à la désolation. On dirait qu'un souffle maudit a passé par là. Le paysan que ses travaux amènent dans ces parages se signe de la croix et aime mieux faire un long détour que de suivre le sentier désert qui serpente à travers les rochers. La crête de cette montagne est couronnée par un énorme bloc de granit, sur lequel reposent les ruines d'un château sans nom.

On s'arrête, malgré soi, stupéfait devant la hardiesse de cette masse qui ne paraît tenir que par un prodige d'équilibre, et on se demande si une telle construction n'est pas plutôt l'œuvre du démon que de l'homme.

Tout le long du chemin escarpé qui y mène, on rencontre à chaque pas des colosses de pierre qui, pareils à des sentinelles avancées, semblent défendre l'approche du château.

Quand on arrive devant la première enceinte, la tristesse et la solitude vous étreignent davantage encore. On sent que l'on est dans une cité de morts. Cinq siècles ont passé sur ces ruines, le bruit des armes et des clameurs guerrières a cessé de se faire entendre, tout ce qui était vie a disparu, le néant a repris ses droits, et cependant le temps n'a pu effacer la malédiction qui pèse sur ces lieux abandonnés. . . . .
. . . .

En l'an 1400, ce château était un fier donjon entouré de solides murailles qui défiaient toute surprise. Un beffroi majestueux, dont on ne voit plus que le simulacre, dominait le pont-levis qui reliait le château à l'enceinte extérieure. Là siégeait un palatin hautain et tyrannique, au visage pâle, au cœur froid. Ce seigneur était la terreur de ses voisins, le fléau de ses vassaux. Toujours terrible était son regard ; toujours sombre était son front. Sa parole était un cri de bête fauve ; ses ordres, des ordres de sang.

Autant le comte était dur et emporté, autant sa compagne, la belle Elswinde, était douce et charitable. Elle n'avait qu'un souci : adoucir par ses bontés les rigueurs de son farouche époux; un seul de ses regards calmait les révoltes, une seule de ses paroles apaisait les cœurs courroucés. Lui était la tempête; elle, le rayon de soleil.

C'était un soir, par une sombre nuit d'hiver, le comte et la comtesse entourés de leurs gens, écuyers, pages et varlets, terminaient leur repas dans la salle gothique.

Le comte, à moitié ivre, s'amusait à tirer les longues

oreilles d'un magnifique lévrier accroupi à ses côtés ; ce jeu arrachait par moments un cri de douleur à la pauvre bête. Tout à coup, la cloche du beffroi tinta à trois reprises. Qui peut venir à pareille heure au château ? Et chacun de se regarder avec anxiété. Il faut dire que par ces temps de troubles, de révoltes et de guerres continuelles, on était sans cesse sur le qui-vive. Au même moment le capitaine des archers vient annoncer que deux voyageurs, un vieux ménestrel avec son fils, égarés par une tourmente de neige, demandent l'hospitalité pour la nuit.

Le comte, sans pitié aucune, les avait déjà envoyés à tous les diables de l'enfer, quand, sur un regard d'Elswinde, il se ravisa et ordonna qu'on introduisît les voyageurs. Un instant après ils se trouvaient tous deux debout devant la table éblouissante de lumières, chargée des mets les plus fins et des vins les plus exquis. Ils portaient leurs yeux de tous côtés ; ce passage subit d'une nuit d'orage à l'éclat d'une salle de festin, les avait comme étourdis. Revenant à eux, ils se courbèrent profondément devant leurs hôtes en déclinant, comme c'était l'usage, leurs noms et le but de leur voyage.

L'un était un beau vieillard encore droit, malgré ses cheveux blancs et les rides qui sillonnaient ses joues. La franchise et la noblesse rayonnaient sur son front.

L'autre, jeune enfant de quinze ans, se serrait craintif contre le vieillard comme pour y trouver aide et protection. De longues boucles blondes descendaient sur ses épaules. Son visage reflétait une naïve candeur de jeune fille.

« Allons, Sylvio, dit le vieillard en regardant l'enfant d'un air attendri, sois moins timide. On nous donne l'hospitalité ; reconnais ce bienfait en chantant ta plus belle chanson à nos illustres seigneurs. »

En même temps, le ménestrel prend sa harpe, de laquelle il fait sortir des accords dont l'harmonie monte au ciel. Les voilà chantant tous deux : la voix de l'enfant est douce et suave ; le chant du vieillard est grave et solennel. Ils disent l'âge d'or ; ils exaltent les sentiments élevés : honneur, amour, vaillance, dignité.

Tout le monde écoutait ; les guerriers courbaient leurs fronts et cessaient leurs railleries ; la comtesse était triste et rêveuse ; seul, le comte semblait se soustraire à cette fascination et, tout en vidant son verre, jouait d'une main fébrile avec sa dague.

Soudain, charmée et transportée par les derniers accents de l'enfant, Elswinde se lève et, prenant à son corsage une rose épanouie, elle la jette aux chanteurs. L'enfant se précipite sur la fleur et la porte à ses lèvres.

Le comte, entièrement ivre, blêmit de rage, en voyant ce mouvement.

« Quoi, s'écrie-t-il, en frappant son poing sur la table, misérables mécréants, après avoir séduit et captivé mes serviteurs, vous séduiriez aussi ma femme. Pour un pareil outrage, il me faut du sang. » A ces mots, il s'élance et plonge sa dague dans les flancs du jeune homme. . .

. . . .

Les chants ont cessé, le sang coule à grands flots. Tous les assistants frémissent, épouvantés, et personne n'ose bouger. Seul, le vieux ménestrel, penché sur le corps inerte de l'enfant, cherche par ses baisers à le ranimer. mais c'est en vain. Déjà les lèvres sont livides, les yeux éteints. Un dernier soupir sort de la poitrine de Sylvio ; le jeune chanteur n'est plus. Le vieillard, sans verser une seule larme, charge sa chère dépouille sur ses épaules et quitte, morne et silencieux, la salle ensanglantée.

Arrivé devant la haute porte, il s'arrête, se retourne et contre le marbre brisant sa harpe, il lance sur le manoir cette sombre imprécation :

« Malheur, malheur à toi, orgueilleuse retraite, repaire

de brigands et d'assassins! A jamais, loin de toi, les plaisirs, les chants, le bonheur! Qu'ici les jours de fêtes fassent place aux longues heures d'angoisse et de chagrin. Que le manoir devienne ruine et poussière. Tours superbes, jardins magnifiques, soyez détruits, à jamais ignorés. Malheur au meurtrier, à la main criminelle! Malheur à ce fléau de Dieu! Qu'il soit maudit! Que dans la nuit éternelle, il s'éteigne sans nom et sans héritiers! »

Il dit, et le ciel, toujours juste, entendit sa prière. Le manoir est détruit; les murs sont renversés, une seule tour survit, penchée et prête à crouler dans la nuit. Partout ronces, partout tristesse, partout chaos; nul chant, nulle légende ne l'a chanté, ce paladin dégradé! Son nom est oublié, il est mort maudit, et le château est resté le château sans nom.

LE HOH-KŒNIGSBOURG

Malgré ma grande admiration pour les légendes, j'ai toujours été d'un esprit assez sceptique pour ne croire ni aux fantômes ni aux revenants. J'écoute tous ces récits mystérieux comme on écoute une musique agréable: l'imagination vous transporte pour un instant dans un monde idéal et vous procure des sensations inconnues. Pendant les nombreuses excursions que j'ai faites aux châteaux d'Alsace, chaque ruine était le sujet d'une nouvelle légende, que j'écoutais attentivement et que je notais avec soin. Je ne puis passer sous silence une de ces croyances, que je suis arrivé à réduire à néant, par le plus grand des hasards. Par une belle journée de septembre, j'escaladai, en compagnie de deux amis, grands chasseurs devant Dieu, la pente escarpée du Hoh-Kœnigsbourg, véritable nid d'aigle, situé à quelques kilomètres de Schlestadt. S'il faut s'en rapporter aux ruines, ce donjon, ou plutôt cette citadelle, peut, à juste titre compter parmi les plus vastes et les plus imposants châteaux féodaux qui couvrent la crête des Vosges. Pendant notre route si accidentée, où l'œil étonné pouvait contempler les sites les plus pittoresques et les plus sauvages, mon esprit avait été vivement surexcité par le récit de mes deux chasseurs qui affirmaient, de la façon la plus positive, que le château que nous allions visiter était hanté par des esprits. Ils avaient été eux-mêmes, disaient-ils avec la meilleure bonne foi, témoins des scènes effrayantes qui s'y passaient. En présence de pareilles attestations, je n'osais nier; je ne voulais pas non plus croire. En conséquence, poussé par mon esprit aventureux, je proposai à mes compagnons de passer la nuit seul dans ce château, avec mon fusil comme sauvegarde. Ils essayèrent vainement de me dissuader, en me menaçant de la vengeance des mauvais esprits: mon projet était arrêté. Nous passâmes la fin de la journée à visiter en détail ces ruines si curieuses: salles ouvertes à tous les vents, sculptures gothiques, escaliers en colimaçons, meurtrières couvertes de mousses et de taillis, tels étaient les fragments de cette antique demeure royale. Quand la nuit commença à tomber, nous nous quittâmes, nous donnant rendez-vous pour le lendemain. Ils s'en allèrent à regret, convaincus qu'ils ne me reverraient jamais. Quant à moi, après leur avoir envoyé un dernier adieu amical, je me mis à parcourir ces ruines silencieuses, à la recherche d'un endroit convenable pour y passer la nuit. Je finis par trouver, dans la salle des gardes, un petit escalier tortueux, qui me conduisit à une plate-forme surélevée, d'où je dominais la silhouette du château avec sa tour craquelée et découpée par le temps. Je m'assis et écoutai, ne pensant nullement à dormir. Il faisait une de ces nuits d'automne froides et sombres qui portent l'âme à la tristesse et l'esprit à la méditation. Un vent humide s'engouffrait en gémissant dans les voûtes ténébreuses. De temps à autre, une pierre détachée de la tour roulait le long des murs lézardés, et l'écho répétait le son mat de chaque chute. Malgré mon scepticisme, une espèce d'inquiétude s'était emparée de moi ; je n'avais pas peur, et cependant je frissonnais. Je dressais l'oreille à ces mille bruits inconnus auxquels le silence de la nuit donne des proportions énormes. Petit à petit, à force d'avoir l'esprit tendu, une profonde lassitude s'empara de moi, et je commençai à m'assoupir, ne percevant plus que faiblement le glapissement lointain des renards et le hou-hou des oiseaux chasseurs. Tout à coup, tout près de moi, un long gémissement, qui n'avait rien d'humain, me fit tressaillir ; au bout d'un instant, un autre gémissement plus fort se fit encore entendre. Certain cette fois de ne pas être en proie à une hallucination, je me levai et saisis mon fusil : « Qui est là », demandai-je d'une voix mal assurée. Les soupirs cessèrent, et une voix rauque et criarde répondit à la mienne. J'entendis en même temps une agitation extraordinaire au sommet de la tour ; je n'avais plus mon sang-froid. L'aventure prenait une tournure peu agréable ; néanmoins, m'armant de courage, je m'avançai en tâtonnant, et, quand j'eus en face de moi toute la perspective de la grosse tour, j'aperçus deux énormes yeux rouges, incandescents comme des charbons, qui se fixaient sur moi d'une façon effrayante. Le monstre auquel appartenaient ces yeux devait avoir des dimensions colossales, à en juger d'après la largeur de l'espace qui les séparait l'un de l'autre : sans perdre une minute, j'ajustai en tremblant ces yeux terribles, et le coup partit. Aussitôt après la détonation, un fracas épouvantable ébranla toute la tour ; je crus qu'elle allait s'écrouler. J'étais à bout de forces, un éblouissement me prit et je tombai évanoui.

Je ne sais combien de temps je restai dans cette position ; quand je revins à moi, le soleil montait à l'horizon : les teintes gaies de la nature au réveil avaient fait place à la sombre décoration de la nuit. Oiseaux, insectes, verdure, tout riait, tout gazouillait.

Quel affreux cauchemar ! Mais non, ce n'est pas un cauchemar : je vois mon fusil déchargé à mes côtés : j'ai donc tiré. Secouant ma torpeur, je me lève et me dirige d'un pas ferme vers l'endroit de la tour où j'ai cru voir les deux yeux rouges. Quelle n'est pas ma stupéfaction, en arrivant à la place marquée, de trouver étendu mort un monstre singulier. C'était un oiseau de forme bizarre. Ses ailes n'avaient pas moins de sept pieds d'envergure, sa tête était grosse et ronde comme celle d'un enfant ; ses yeux étaient plus grands que ceux d'un homme, son bec crochu, ses serres armées d'ongles acérés. Ce monstre était un grand-duc, de la famille des chats-huants, le plus grand des oiseaux chasseurs de nuit; depuis des années, il habitait la tour du château et était devenu la terreur du voisinage : c'était là l'esprit qui hantait ces ruines : ce que j'avais cru être un rêve, était une réalité. Ma curiosité était satisfaite; mais je ne recommencerai plus. J'aime mieux écouter les légendes que de les vérifier.

LA LÉGENDE DE SAINTE ODILE

S'il est un nom vraiment populaire, c'est bien certainement celui de sainte Odile. Son tombeau, situé au haut de la montagne du *Hauhenbürg*, dans le monastère autrefois fondé par elle, est la *Mecque* vers laquelle tendent les espérances des vrais croyants du pays. Tout habitant de la province a fait ce pèlerinage au moins une fois dans sa vie, soit pour un motif de foi et de piété, soit en guise de simple promenade pittoresque. Chacun conserve une profonde vénération pour cette fille de prince, qui s'est vouée au culte des autels et qui a, par son abnégation, sa charité et sa bonté, adouci les mœurs barbares du huitième siècle. La montagne sur laquelle la jeune abbesse a fondé son monastère est la plus belle de toute la chaîne des Vosges. De ces hauteurs on embrasse d'un coup d'œil le vaste bassin de l'Alsace, le Palatinat, le Brisgau et la Forêt-Noire. Les vallées verdoyantes, les rivières sinueuses, les châteaux crénelés, les forêts sombres, les nombreux villages aux clochers gothiques, et enfin, tout au fond, le Rhin scintillant, semblable à un long serpent, forment les points saillants de ce tableau enchanteur. On comprend qu'en face d'un spectacle aussi sublime l'âme se sente portée, malgré elle, vers les régions de l'infini.

L'histoire des premières années d'Odile est environnée de ténèbres. Elle était fille d'*Atticus*, duc d'Alsace, et de *Beresvinde*, qui, dit-on, était sœur de Saint-Léger, évêque d'Autun, auquel Ebroin, maire du palais en 675, fit crever les yeux. Le duc Atticus, qui attendait avec anxiété la naissance d'un fils, fut tellement irrité quand il sut que Beresvinde avait mis au monde une fille aveugle, qu'il voua cette dernière à la mort; mais la mère parvint à soustraire son enfant à la fureur du duc et la confia aux soins de l'abbesse de Beaume-les-Dames. « Dieu, dit la légende, manifesta dès ce moment les grands desseins qu'il avait sur Odile; en recevant le baptême, elle recouvra la vue. » C'était le temps des miracles.

Après de longues épreuves, désirant vivement revoir ses parents et particulièrement sa mère, pour laquelle elle avait conservé une grande tendresse, Odile parvient à informer de ses sentiments son jeune frère Hugues, qui entreprit de réconcilier le mauvais père avec sa fille. Sans perdre de temps, il envoie une escorte de ses vassaux au monastère de Baume-les-Dames pour chercher sa sœur et l'amener au Hauhenbürg, où le duc réside en ce moment.

Le terrible Franc voit de loin une troupe nombreuse chevaucher sur le chemin qui conduit à son manoir, et, transporté de fureur en apprenant que son fils ose, au mépris de ses ordres, protéger la fille qu'il avait condamnée, il frappe de l'épieu dont il est armé pour la chasse le malheureux Hugues, qui tombe sans vie à ses pieds. Ce meurtre paraît apaiser la colère du farouche ripuaire, déjà chargé de plusieurs autres forfaits. Il consentit à garder sa fille avec lui, sans toutefois lui rendre son affection. Après l'avoir fait vivre parmi ses servantes pendant quelque temps, il voulut la marier contre sa volonté. Désolée de se voir ainsi violentée dans sa religion et comprenant quel danger elle courait en refusant d'obéir aux ordres d'un père violent et brutal, Odile, couverte de simples habits de bure, s'échappe la nuit du château ducal et traverse le Rhin. Mais déjà sa fuite est découverte; le duc Atticus monte lui-même à cheval et finit par l'atteindre aux environs de Fribourg. La jeune fille se voyant perdue, appela Dieu à son aide et au même instant un rocher s'entr'ouvre, reçoit la fugitive et se referme entre elle et ses ravisseurs.

Une chapelle et une source miraculeuse indiquent au pèlerin le lieu où cet événement s'est passé.

Atticus, dont le cœur s'est enfin ouvert au repentir, rappelle sa fille et tombe à ses pieds en la priant d'implorer pour lui, auprès du Seigneur, le pardon de ses crimes.

Le château du Hauhenbürg est changé en monastère; plus de cent jeunes filles appartenant aux plus anciennes familles gallo-romaines, accourues à la voix d'Atticus, viennent se consacrer à Dieu sous la bannière de cette sainte fille. La fondation prospéra rapidement, et bientôt après Odile fit construire, dans la vallée de Nieder-Munster, un second couvent qu'elle gouverna comme le premier, selon les règles de Saint-Benoît. Charitable, autant qúe pieuse, elle fonda en même temps un hôpital où elle soignait elle-même les malades et les vieillards; et c'est au milieu de ces occupations qu'elle vécut cent ans entourée du respect de tous.

S'il fallait raconter toutes les actions miraculeuses que la dévotion des Alsaciens attribue à leur sainte, il faudrait refaire sa vie tout entière, qui n'est qu'une suite d'actes pieux et de cures merveilleuses. En descendant du Hauhenbürg, on rencontre une fontaine formée, dit-on, par les pleurs de la sainte, pleurs versés par elle en expiation des crimes commis par son père : On prétend que son eau a conservé, même de nos jours, la propriété de guérir les maladies d'yeux. La quantité d'ex-voto qui garnissent les parois de la source, atteste la grande foi que les pèlerins ont dans la vertu de cette eau. Odile fut enterrée dans la chapelle de Saint-Jean, où elle est encore aujourd'hui. Il est vrai que le monastère, tel que nous le voyons, ressemble peu à ce qu'il était du temps d'Odile. Plusieurs fois brûlé et pillé par des hordes d'envahisseurs, lors des guerres de conquête qui ont ensanglanté le sol de l'Alsace, il fut successivement reconstruit par différentes communautés religieuses. Actuellement, il est desservi par des nonnes qui ont joint à leurs pieux exercices, suivant la règle bien dégénérée de l'abbesse fondatrice, le commerce lucratif d'une hôtellerie. Aussi, le voyageur qui atteint le sommet de la montagne, après une excursion fatigante, quoique pleine de charmes, est-il tout étonné de trouver bon gîte pour la nuit, et nourriture substantielle pour le corps en même temps que profondes émotions pour l'âme.

En dehors du monastère, Odile avait fait bâtir plusieurs petites chapelles isolées qui existent encore ; je ne parlerai que de la chapelle des Anges qui, élevée sur un rocher à pic au bord d'un précipice de *deux cents pieds* de profondeur, est particulièrement fréquentée par les gens désireux de se marier. La chronique assure que toute personne qui parcourt sept fois de suite le sentier étroit et sans rampe qui contourne la chapelle, est assurée d'être mariée dans l'année. On peut dire avec raison que le sentier est battu, car les fervents des deux sexes ne font pas défaut.

Y-a-t-il quelque chose de plus touchant que la légende de sainte Odile? Tout y respire la charité; les miracles même dont elle est parsemée, méritent de trouver grâce devant les sceptiques de notre siècle, car ils ont tous un un but sublime pour mobile. Aussi n'est-il pas étonnant que cet ange de charité, dont la vie fut un continuel dévouement aux pauvres, soit devenue la patronne des classes souffrantes et déshéritées. La mémoire du peuple part de son cœur. Ce pèlerinage sans cesse fréquenté par de nombreux croyants est la preuve consolante que dans notre siècle de fer, la charité peut encore faire naître la reconnaissance.

LA LÉGENDE DE SAINTE RICHARDE

Après sainte Odile, j'arrive tout naturellement à parler de sainte Richarde, sa proche parente; cette dernière, s'inspirant du digne exemple de sa cousine, consacra aussi sa vie à la piété et à la charité; seulement sainte Richarde fit le bien en grande dame, avec pompe, tandis que sainte Odile se sacrifia entièrement pour son œuvre, en donnant avec abnégation tout ce qu'elle avait, même le nécessaire: mais n'anticipons pas. — Richarde était fille du comte de Nordgau, qui vivait en Alsace au neuvième siècle.

Ses vastes domaines, qui couvraient tout le *val d'Eléon*, aujourd'hui *vallée d'Andlau*, en faisaient un seigneur riche et puissant. Aussi Richarde fut-elle recherchée de bonne heure en mariage par les plus nobles du pays. Il est vrai que, à sa haute origine, elle joignait des qualités supérieures qui la faisaient distinguer entre toutes ses compagnes : intelligence, jugement droit, brillante imagination, tout était réuni en elle ; elle parlait et écrivait le latin avec une grande facilité ; ajoutez à cela les qualités du cœur et la beauté de la femme, et vous aurez une véritable perfection.

Son intention était de se vouer au culte de Dieu, en se retirant au Hauhenbürg, dans l'abbaye fondée par Odile ; mais il se présenta tout à coup un prétendant que ni Richarde, ni ses parents, n'osèrent refuser : ce prétendant, c'était Charles-le-Gros, empereur d'Allemagne et d'Italie. Leur union fut célébrée l'an 862, et les deux époux furent sacrés à Rome par le pape Jean VIII.

Les commencements de ce mariage furent d'abord très heureux, grâce aux bons conseils de Richarde, dont la sagesse s'imposait au gouvernement de son trop faible époux : mais les dissensions intérieures ne tardèrent pas à émousser l'énergie de cette vaillante femme, et à lui rendre la couronne bien lourde à porter. Son père étant mort dans l'intervalle, Richarde, en fille reconnaissante, désireuse de lui élever un monument digne de sa mémoire, se retira au monastère de Hauhenbürg. Là, dans une profonde solitude, elle passait son temps à prier pour l'âme du défunt. Un jour, dit la légende, elle eut une vision ; elle entendit une voix lui dire : « Descends jusqu'au bas de la montagne, gagne le domaine que t'a légué ton père, et là, où tu rencontreras une ourse grattant la terre, là, tu construiras un monastère. » Richarde s'empressa de mettre cet ordre mystérieux à exécution. Arrivée au val d'Eléon elle rencontra effectivement une ourse, avec ses petits. On prétend que la jeune impératrice passa la nuit tout entière en prières sur la place indiquée.

De nos jours, on voit encore, dans la crypte de l'abbaye, une cavité que l'on croit être celle creusée par les animaux. Le lendemain, sans perdre de temps, Richarde communique son projet à Charles, qui lui donne son consentement; et aussitôt une armée d'ouvriers se met à l'œuvre. Le monastère achevé, il reçut une dotation royale et fut destiné aux vierges nobles, qui, redoutant les dangers et les vanités du monde, cherchaient un asile sûr et tranquille. Il fut bien vite peuplé : les plus illustres familles d'Alsace tinrent à honneur d'y faire entrer leurs filles. Il fallait faire preuve de seize quartiers de noblesse sans mésalliance. L'impératrice elle-même se mit à la tête de son abbaye, elle en composa tous les statuts, tant pour le gouvernement temporel que spirituel. Je n'entrerai pas dans tous les détails de ces statuts; qu'il suffise au lecteur de savoir que la règle était loin d'être sévère. La question du bien-être matériel des jeunes chanoinesses était largement prévue. Chacune avait son appartement, sa chambrière : la musique, la danse, la poésie, les promenades en voiture entraient dans le programme, aussi bien que les œuvres de piété et de bienfaisance. Aucuns vœux n'étaient prononcés; elles pouvaient rentrer dans leur famille quand bon leur semblait.

En un mot, le but de Richarde était de rendre, aux nobles jeunes filles qui venaient chercher un refuge dans son monastère, la vie aussi agréable que possible. Grâce à la richesse de la dotation, le chapitre n'avait rien à se refuser, tout en pratiquant largement les œuvres pies. Après avoir réglé toute son institution, Richarde partit pour Rome, pour la soumettre à l'approbation du pape. Pendant ce temps, les facultés intellectuelles de Charles-le-Gros, aussi bien que sa santé, déclinaient journellement. Préoccupé de l'idée de mourir sans héritiers légitimes, il avait adopté Louis III, fils d'*Ermangarde* et de *Boson*, roi de Provence. Les seigneurs allemands, exaspérés de la présence de ce prince étranger, profitèrent de l'absence de Richarde pour former un complot qui avait pour but de détrôner Charles-le-Gros. Pour cela il fallait éloigner le chancelier Luitward qui tenait les rênes du gouvernement, et en même temps perdre Richarde dans l'esprit du roi. Parmi les conjurés se trouvait un comt de Souabe, nommé le *chevalier Rouge*, qui, dévoré d'envie et de jalousie, cherchait à utiliser tous les moyens pour arriver au pouvoir. L'occasion se présenta au retour de Richarde. Luitward, en sa qualité d'évêque, portait suspendue à son cou une croix précieuse que Richarde lui avait apportée de Rome. Un jour, dit la chronique, Richarde, désireuse de vénérer cette sainte relique, la prit dans ses mains et la baisa avec respect. Il n'en fallait pas davantage ; le *chevalier rouge*, qui vit cela, saisit avec empressement cette circonstance pour perdre à la fois l'évêque et l'impératrice. Ils furent accusés tous deux d'adultère. Charles, dont la faiblesse est connue, commença par chasser ignominieusement Luitward, dépouillé de tout, et convoqua ensuite une assemblée de grands, devant laquelle il fit comparaître Richarde. Il déclara solennellement qu'il l'avait toujours laissée vierge, et que, si elle était réellement innocente du crime dont elle était accusée, elle devait s'en référer au jugement de Dieu. Richarde accepta le défi et choisit l'épreuve du feu. Ici nous entrons dans le miracle, et le naïf chroniqueur qui relate cet événement est lui-même victime de sa bonne foi.

Le jour fixé, raconte-t-il, l'impératrice, après avoir jeté son gant à l'empereur, qui le ramassa, se retira un instant hors de l'assemblée pour revêtir une robe de soie blanche enduite de cire. Il faut plutôt croire que, pour en imposer à ces esprits ignorants et brutaux qui l'entouraient, elle était allé revêtir une robe d'amiante préparée à l'avance.

Ce n'est pas que je suspecte en quoi que ce soit l'innocence de Richarde, au contraire, mais je suis persuadé que, intelligente comme elle l'était, elle avait compris que le petit subterfuge qu'elle se permettait pouvait seul la sauver. Aussi, qu'arriva-t-il ? On chercha vainement à mettre le feu à la robe. Dieu protégeait miraculeusement son innocence. Entièrement justifiée, elle annonça à l'empereur qu'elle quittait le monde pour toujours et qu'elle se retirait au monastère d'Andlau. Charles ne tarda pas à expier durement sa faiblesse et son injustice. Détrôné quelque temps après, il alla mourir misérablement à l'abbaye de Reichenau, où il avait été recueilli par charité par ce même Luitward, qu'il avait chassé autrefois. Richarde trouva, dans sa paisible abbaye, une douce quiétude, après la vie pleine de péripéties qu'elle avait eue. Visiter les pauvres, veiller les malades, consoler les malheureux, telles furent les occupations de cette impératrice infortunée, pendant qu'à l'intérieur elle gouvernait ses chères sœurs avec bonté, douceur et indulgence, plus sévère pour elle que pour les autres. Elle mourut à l'âge de 42 ans, entourée de son chapitre et regrettée de tous.

Le monastère subsista jusqu'en 1793, époque à laquelle la Terreur en dissémina toutes les habitantes, pendant que les biens étaient confisqués et les bâtiments pillés et brûlés. Sur les ruines qui restaient, on a construit, en 1850, un hôpital. S'il n'y a plus de princesse-abbesse, ni de chanoinesses aux seize quartiers de noblesse, il y a encore des sœurs de charité qui se dévouent pour les malades et les malheureux. Andlau est resté, néanmoins, un lieu de pèlerinage très fréquenté. Il est vrai que la beauté du site et la pureté du climat y sont pour quelque chose.

UN DRAME A STRASBOURG.

Depuis longtemps déjà j'étais tourmenté du désir de revisiter Strasbourg, l'Argentinum des Romains, le *Strasburg* des Allemands. J'étais curieux de surprendre sur le fait la transformation de la ville et des habitants sous l'inféodation prussienne ; je voulais juger des allures nouvelles et des mœurs de cette cité dont on veut faire une capitale. Profitant des dernières vacances, je pris un soir l'express et je débarquai le lendemain dans cette bonne ville, où, pendant plusieurs années, nous avons mené de front la *grisette*, le bock et le *jus romanum*.

Je me mis aussitôt à parcourir les différents quartiers pour revoir ces monuments qui m'étaient si chers : la statue de Gutenberg, celle de Kléber, la place de Broglie, la cathédrale, etc., etc.

Je qui reste de Français est bien clairsemé ; aussi la ville a-t-elle pris tout à fait l'aspect triste des vieilles bourgades allemandes. L'élément militaire tient le haut du pavé ; au théâtre, sur les trottoirs, dans les promenades, il n'y a de place que pour ces messieurs ; le bourgeois vient après.

Quant au commerce, il est tombé presque entièrement entre les mains de Prussiens qui n'ont pas réussi chez eux, et qui, comme une bande de corbeaux âpres à la curée, sont venus après l'annexion s'emparer des places laissées vides par les partants qui préféraient la médiocrité en France, aux promesses d'un avenir doré en Allemagne. Tout en me promenant, j'étais arrivé au milieu de la rue des Hallebardes, et je trouvai tout à coup le chemin barré par une foule inquiète et compacte, qui stationnait devant la boutique d'un antiquaire.

« Qu'est-il donc arrivé ? » Telle fut ma première question. Un des badauds m'apprit que la police venait de faire une descente dans la maison et qu'elle avait trouvé trois cadavres ; il y avait eu deux meurtres et un suicide. Piqué au vif par cette explication, et flairant là-dessous quelque histoire dramatique, je résolus de ne pas quitter le terrain, sans avoir appris le fond de ce tragique événement. La foule devenait de plus en plus tumultueuse ; on se pressait, on se bousculait, on criait ; chacun commentait la chose à sa façon et les agents avaient beaucoup de peine à faire évacuer la chaussée pour le passage des voitures. En me retournant, je reconnus à quelques pas la brasserie du père Brunswik, dont l'enseigne se balançait au vent. « A l'élève en droit ». Telle était la légende qu'on lisait au-dessus d'un magnifique éléphant debout sur ses jambes de derrière et tenant dans une de ses pattes de devant une canette de dimensions colossales ; les couleurs les plus vives enluminaient cet animal antédiluvien ; l'enseigne était digne de l'établissement, et l'établissement digne de l'affreux jeu de mots qui lui servait de pavillon. Inutile de vous dire que c'était, il y a dix ans, le rendez-vous favori des étudiants en droit qui venaient y boire force boks et y fumer force pipes au lieu de suivre les doctes leçons des professeurs de la Faculté. J'avoue que pour ma part il m'est arrivé plus d'une fois d'y oublier l'heure des cours. On était servi par de jolies petites bonnes, au frais minois, à l'allure provoquante, riant toujours et toujours prêtes à trinquer avec leurs nombreux clients. Certain donc de me retrouver en pays de connaissance, et espérant recueillir quelques détails sur l'affaire qui m'intriguait, je me hâtai de traverser la rue et d'entrer dans l'établissement. Je m'assis à une table solitaire et me mis à examiner la salle enfumée, témoin de mes folies d'étudiant.

Rien n'était changé ; tables en bois peint ; bancs en bois peint. A droite, voilà encore le râtelier où nous serrions nos pipes à l'heure de la retraite ; à gauche, la vieille pendule à carillon ; au milieu, voilà le même fourneau en faïence, formant monument ; au-dessus du comptoir, Gambrinus à cheval sur un tonneau se pavane toujours dans son cadre de bois noir. Mais si, malgré les années, la cage est restée pareille, les oiseaux sont loin d'être les mêmes. Plus d'étudiants, plus de bonnes souriantes ; plus de gais propos, plus de joyeuses chansons. Deux gros garçons en tablier blanc servaient les rares clients du lieu.

Dans un coin, un ouvrier fumait mélancoliquement sa pipe ; dans un autre coin, deux soldats allemands jouaient au *ramz* en jurant à qui mieux mieux. J'en étais là de mon inspection quand la porte du fond s'ouvrit, et je vis entrer le père Brunswik. Je n'eus pas de peine à le reconnaître, malgré ses cheveux, qui, du noir, avaient passé au poivre et sel. Il avait toujours sa casquette à oreillettes, ses lunettes bleues, ses galoches et son tricot rouge. Quant à moi, je fus obligé de me nommer pour qu'il me reconnût ; il est vrai que dix années s'étaient écoulées ; d'adolescent, j'étais devenu homme.

Aussitôt après l'échange des banalités d'une première rencontre, le voilà installé à mes côtés, les deux coudes sur la table, heureux de me rappeler les vieilles histoires du passé et de pouvoir me donner des nouvelles des anciens amis.

J'interrompis brusquement le père Brunswik au milieu de ses racontages, qui menaçaient de traîner en longueur. « Voyons, lui dis-je, quelle est donc la raison de cet attroupement et de ce tumulte en face de votre établissement? Vous qui êtes au courant de tous les cancans du quartier, vous devez pouvoir me renseigner. Je sais déjà qu'il y a meurtre et suicide, mais c'est l'histoire qui a amené ce dénoûment que je désirerais connaître. »

« S'il ne faut que cela pour vous contenter, me dit le père Brunswik, en se redressant, je suis à même, mieux que tout autre, de bien vous servir, car en devinant sous ce crime un drame émouvant, vous ne vous êtes pas trompé » et humant lentement une prise de tabac puisée dans une énorme tabatière en écorce, il commença en ces termes : « Le père Julius, dont vous voyez la boutique en face, était un juif venu à Strasbourg à la suite des armées allemandes, dont il était le fournisseur. Après la guerre, trouvant le pays à sa guise, il résolut de s'y fixer et d'y finir ses jours ; il loua la boutique dont je viens de parler et s'occupa du commerce de bric-à-brac. De temps en temps, il venait ici passer un quart-d'heure ; peu expansif de son naturel, il se contentait de lire son journal et de boire son *moss;* on ne l'estimait guère dans le quartier, car il passait, et cela à juste titre, pour un coquin. Quant à moi, je ne l'accueillais ni bien ni mal ; je le plaignais au fond, car, par un mot qui lui était échappé par ci par là, j'avais pu comprendre que, malgré la fortune qu'on lui attribuait, il était malheureux. Il n'avait plus ni femme ni enfants ; sa femme l'avait quitté pour un autre, son fils s'était tué après une affaire de jeu ; sa fille était devenue fille entretenue ; tous ces malheurs l'avaient rendu taciturne. Il avait pris le monde en aversion, et se vengeait en exploitant de son mieux tous ceux que le hasard lui mettait sous la main. Prêtant à la petite semaine, à gros intérêts, achetant pour rien ce que les gens gênés venaient lui proposer, tels que meubles, bijoux, bronzes, etc., et revendant cinq et six fois leur valeur les objets que les imbéciles venaient lui marchander, tel était son genre de commerce, et c'est à ce jeu-là qu'il a acquis une fortune assez rondelette. Il était rusé comme un renard, retors comme un avocat. Flairait-il un client sérieux, il savait en un clin d'œil se rendre contrefait, malade, estropié, il versait de vraies larmes à volonté, et montrant des commandements chimériques d'huissiers qui devaient le saisir le lendemain, il amenait habilement le client à s'apitoyer sur son sort et à lui acheter pour des sommes exorbitantes ce qu'il était censé donner à vil prix. Le voilà mort, assassiné par une de ses dupes. J'arrive au dénoûment. Un jeune officier de cavalerie d'une des premières familles de l'Allemagne, s'était épris d'une chanteuse qui demeurait dans la même maison que le père Julius. Elle était jeune, jolie, avait quelque talent, et, ce qui est plus étonnant, passait pour un oiseau rebelle et difficile à captiver. Notre officier s'obstinait contre les difficultés : plus il y avait de résistance, plus grand devenait son désir de vaincre, et nul sacrifice ne lui coûtait.

« Comment cette femme, qui passait pour la vertu même arriva-t-elle à se mettre en rapport avec le père Julius ? Je l'ignore. Toujours est-il qu'un beau jour, conseillée par lui, ma colombe devint moins farouche et consentit non seulement à recevoir du jeune homme les cadeaux qu'elle avait refusés, mais encore à lui en demander ; et le hasard voulait que ce fût toujours un objet faisant partie de la collection du vieux marchand qu'elle désirait : aujourd'hui une montre, demain un bracelet, puis des dentelles, etc., cela ne finissait plus : l'officier achetait naturellement sans marchander, trop heureux de satisfaire les caprices de son inhumaine.

Ce manège durait déjà depuis quelque temps, quand un beau jour, en fouillant dans la boutique pour faire de nouveaux achats, il reconnut un des objets qu'il avait achetés auparavant, et qui était venu reprendre sa place. Ce fut un coup terrible ; le voile qui couvrait ses yeux se déchira. A l'instant il comprit qu'il était victime d'une infâme machination. La femme et le vieux juif s'entendaient pour l'exploiter. Néanmoins, il sut se contenir et sans faire semblant de rien, il continua ses attentions et ses assiduités du passé. Déjà de fortes sommes avaient été englouties, et le petit avoir paternel était sur le point d'être absorbé sans qu'il fût plus avancé que le premier jour. Dès lors, son plan fut dressé. Grâce à une active surveillance qu'il fit établir, il sut bientôt que la femme qu'il aimait à la folie et qui jouait si bien l'ingénue, était la maîtresse du père Julius, que leurs intérêts étaient communs, qu'elle avait déjà ruiné plusieurs jeunes gens de cette manière, et que lui devait augmenter le nombre des victimes. Aussitôt qu'il connut ces renseignements, une soif de vengeance s'empara de lui. Il mit ordre à ses affaires, écrivit à ses amis en leur faisant ses adieux, et, racontant brièvement ce qui lui était arrivé, il terminait par ces mots : « Allez rue des Hallebardes ; vous y trouverez l'infâme et son complice, qui auront expié leurs coquineries. Ma vengeance satisfaite, ne pouvant plus vivre, je me tuerai à mon tour ». Le lendemain, quand les amis arrivèrent, espérant encore éviter un malheur, ils trouvèrent le père Julius empalé au bout d'une pique, qui avait été détachée d'une panoplie garnissant un des murs de la boutique. La pique était maintenue entre deux meubles par de solides cordes. Il avait fallu une force d'hercule et une énergie surhumaine pour mettre à exécution un pareil plan, qui, au premier abord, paraît inexécutable. Ce genre de mort était digne du sujet. La pointe de la pique ressortait de côté par le cou; la face du patient était convulsée : il avait dû souffrir mille morts avant d'expirer. Le meurtrier avait eu soin de lier les mains derrière le dos et de bâillonner la bouche pour étouffer les cris. Mais ce n'était pas tout : au premier étage un autre spectacle attendait les arrivants : Au fond d'une chambre à coucher, sur un lit en désordre, gisait une femme nue avec un poignard dans le cœur. C'était la maîtresse du juif, la belle chanteuse.

« A quelques pas plus loin, le jeune officier était étendu roide sur le parquet, un revolver à ses côtés. Il s'était fait justice. »

Le père Brunswik avait fini de parler. Ce drame, qui se terminait par trois morts avec trois armes différentes.

le pal pour le coquin, le poignard pour la traîtresse, le revolver pour la victime, m'avait profondément attristé. Je pris congé de mon hôte en le remerciant, et pendant plusieurs jours, je ne cessai de penser au triste épilogue de cette triste histoire.

LA LÉGENDE DE L'HORLOGE

En l'an de grâce 1439, toute la ville de Strasbourg était en liesse pour fêter l'inauguration de ce superbe monument qu'on appelle la cathédrale. Pendant près d'un siècle, plus de cent mille personnes, mues par un sentiment de piété, y avaient mis la main, se contentant d'un petit salaire fourni par la charité des fidèles.

Cet édifice excitait à bon droit une profonde admiration tant par la hardiesse de son entreprise que par la force de sa conception. Aussi le comptait-on parmi les sept merveilles de l'Allemagne, ainsi que l'atteste l'inscription tracée au-dessus de la porte de la bibliothèque métropolitaine de Mayence : « *Septem Germaniæ spectamina; turris argentinensis, Chorus coloniensis, organum ulmense, etc., etc.....* »

Rien n'est comparable en effet comme architecture gothique à la tour de la cathédrale; cette magnifique pyramide, découpée à jour comme une dentelle, est un chef-d'œuvre par son élévation prodigieuse, sa forme élégante, la justesse de ses proportions, et la finesse de son travail. Tout attire, surprend et confond.

Je ne m'étendrai pas plus longuement sur la description de ce monument, témoignage frappant de la puissance religieuse; ce volume entier ne suffirait pas, s'il me fallait parler de toutes les curiosités qu'il renferme et de tous les faits historiques qui s'y rattachent. Je craindrais en outre, ce sujet ayant déjà été traité par tant d'écrivains différents, de tomber dans des redites. Après avoir donc payé en passant un juste tribut d'admiration à ce chef-d'œuvre, que nous ne saurions trop regretter, je reviens à ma légende.

Pendant que les cloches sonnaient à toute volée et que la population endimanchée, semblable à une mer houleuse, se pressait devant le grand portail, désireuse d'assister à la bénédiction donnée par le vénérable archevêque *Guillaume de Dietsch*, un homme à la figure pâle et fatiguée était accoudé à une petite lucarne d'une des vieilles maisons qui bordaient la place du *Dôme*. Son visage, jeune encore, exprimait plus que la tristesse, le découragement, ses yeux brillaient d'un feu sombre. Pourquoi donc ne prenait-il pas, comme les autres, part à la joie commune? Pourquoi ne mêlait-il pas ses vivats aux cris d'allégresse de la populace? Depuis bien longtemps déjà, il n'y avait plus pour lui ni joie ni plaisirs. Il avait passé sa vie dans le travail opiniâtre sans résultat, cherché l'inconnu sans solution, et à présent à bout de forces, il en était arrivé à se dire « *Science, tu n'es qu'un vain mot* ». Il crispait ses points et sanglotait, se retenant pour ne pas vomir un torrent d'imprécations sur la foule inconsciente qui grouillait à ses pieds. « Oh! race maudite! disait-il en se parlant à lui-même, je te méprise; je t'exècre. A tous les efforts que j'ai tentés, tu as répondu par l'indifférence; tu m'as toujours repoussé comme un fou, et rejeté comme un paria. J'ai lutté des années pour savoir, pour approfondir; j'ai souffert sans me plaindre, et maintenant que je sais et que je suis capable de produire, tu me traites d'insensé. Ce que je te propose est à tes yeux ou impossible, ou le résultat d'un sortilège; tu ne veux pas m'écouter. Mes forces sont anéanties; je ne veux plus lutter, et puisque tu n'as pas voulu de moi, demain, las de vivre, je n'aurai plus besoin de toi. »

Pendant que ce malheureux monologuait ainsi, la foule s'écoulait lentement ; le silence de la nuit avait peu à peu succédé aux clameurs du jour. Le crieur, du haut de la tour, venait d'annoncer avec sa trompe l'extinction des feux : l'heure du sommeil avait sonné pour la grande cité.

On n'entendait plus que les pas cadencés du guet faisant sa ronde par les rues. Tout à coup, un homme coiffé d'un large capuchon de drap écarlate parut devant la façade de la cathédrale : il se croisa les bras et resta comme pétrifié à la place qu'il avait choisie. A ce moment, la lune, sortant de dessous les nuages, vint éclairer de ses rayons la figure sombre de l'inconnu. C'était l'homme de la lucarne.

« Ainsi cette basilique traversera les siècles, pendant que mon corps pourrira sous terre, et que mon nom s'envolera au vent. Ah! s'ils m'avaient compris? comme c'eût été chose facile pour moi d'attacher mon nom à ce superbe édifice, de le graver dans la pierre. C'était la gloire, l'immortalité. » Ainsi parlait l'homme au capuchon rouge, et la nuit s'avançait, et il restait immobile, comme une statue sur son socle.

« Holà? s'écria tout à coup le sergent du guet? Que fais-tu là à cette heure ? Ne sais-tu pas que le couvre-feu a sonné et que nuls êtres ne vagabondent à travers rues et carrefours, si ce n'est truands, larrons ou esprits diaboliques. » Et incontinent, l'homme est conduit en prison. Le lendemain, on l'amène devant le *stettmeister*.

« Ton nom, lui demanda ce dernier.

— On me nomme Jehan Bœrnave.

— Que faisais-tu sur la place, à une heure aussi avancée ?

— Je rêvais une œuvre en l'honneur de Dieu.

— Quelle œuvre ?

— Jusqu'à présent j'ai été méconnu, et cependant je me

sens capable de grandes choses. Mesurer par une combinaison mécanique la marche du soleil, celle de la lune et des planètes, tel serait mon plan. En vous le soumettant, je tente un dernier effort, car je suis las de vivre misérable et persécuté.

— Comment appelles-tu ton œuvre ?

— Une horloge.

— Son but ?

— Je veux qu'elle apprenne à l'homme sa destinée et qu'elle lui rappelle les pas qu'il fait vers la tombe.

— Eh bien ! que ton vœu soit exaucé, maître Jehan? j'accepte ta proposition, tu vas commencer à l'instant. Si tu réussis, c'est la gloire, sinon la mort.

Veux-tu de l'or?

— L'or ne paye pas la science ; je ne demande qu'une seule faveur, je l'exige même : je veux que mon nom soit gravé sur une table d'airain, au milieu du grand frontail de la catédrale.

— Il sera gravé.

Le lendemain, Jehan Bernave était à l'ouvrage, et cinq années se passèrent sans qu'il quittât son travail. Enfin, un beau matin, il va trouver l'ammeister et lui dit : « *L'horloge est prête* ». On fixa un jour solennel pour l'inauguration. Le magistrat voulut y assister lui-même en personne. A l'heure dite, en présence d'une population ébahie, l'ingénieux mécanisme est mis en mouvement. L'on vit venir les trois mages s'incliner devant la vierge, pendant que la mort frappait l'heure sur un timbre en renversant son sablier ; l'on entendit chanter le coq, pendant que le Christ bénissait ses apôtres et que les anges faisaient entendre une musique céleste. . . . .

Alors les différentes corporations de la ville vinrent prendre maître Jehan pour le conduire à un banquet splendide. Sa marche fut un véritable triomphe. Après le repas, de nombreux toasts furent portés et, sous l'empire du vin de Hongrie, notre héros prit la parole, et, s'adressant à ses amphytrions, il eut l'imprudence de leur dire : « Vous me demandez, mes maîtres, s'il existe sous le soleil un mathématicien capable d'exécuter un travail plus merveilleux que celui que je viens de terminer? Il en est un, un seul sur terre.

— Où donc est-il?

— Devant vous.

Aveu fatal. Aussitôt il se fit dans l'opinion une de ces révolutions soudaines qui changent l'admiration en courroux et la bienveillance en haine.

Un astrologue de Mayence, grand ennemi de Jehan, dévoré par la jalousie de sa gloire, sut habilement en profiter. « Faites bien attention, dit-il, en s'adressant à la foule : cet étranger, que nous avons comblé de largesses, se rira de nous. Avant peu il ira à Cologne, à Trèves ou ailleurs, et construira une horloge bien supérieure à la nôtre. C'est un magicien, un sorcier, un damné; il entretient commerce avec les esprits infernaux. »

Dans les têtes du moyen âge, de pareilles idées ne fermentent pas longtemps sans demander une victime. Le lendemain, après un éclatant triomphe, Jehan Bornave était aveugle. L'envie, la lâche calomnie, la férocité des mœurs incandescentes de l'époque lui avaient crevé les yeux.

L'horloge mystérieuse, la table d'airain furent brisées par le peuple, et l'on n'entendit plus parler de Jehan.

Ainsi, cette soif immense de gloire aboutit pour le malheureux à un chef-d'œuvre, à un supplice et à l'oubli. « *Sic transit gloria mundi.* »

Depuis, un astronome du nom de Dasipodirès a recueilli quelques débris de l'horloge primitive et a construit une nouvelle machine fort curieuse et fort compliquée, qui existe encore de nos jours.

LES SOUTERRAINS DU CHATEAU DE BADE

« *Fugit interea irreparabile tempus.* »

A l'époque déjà bien éloigné où la roulette trônait en maîtresse souveraine dans les salons du *Curhaus* à Bade, attirant à elle, comme un aimant, l'élite de la société de l'Europe entière et des deux Amériques, j'étais allé, à l'occasion du Grand-Prix, passer une quinzaine de jours dans ce lieu de délices, avec l'intention de mettre à profit ce court espace de temps, en visitant tout ce qu'il y a à voir, tant à Bade qu'aux environs.

Après avoir passé ma première journée à refaire connaissance avec les différents lieux de rendez-vous du *high-life*, la salle de conversation si attrayante, l'allée de Lichtentahl si ombrée, l'allée des Soupirs si poétique, etc., je résolus de commencer le lendemain mes excursions extra-muros, fuyant pour un instant la foule bruyante.

Dès l'aube, j'étais sur pied, et je gravissais déjà la pente escarpée qui mène au château ducal, quand le soleil commençait à peine à dorer la cime des montagnes. Arrivé dans la cour d'honneur, j'avisai un bonhomme tout ratatiné qui, flairant en moi un visiteur, me proposa immédiatement de me conduire partout; j'acceptai, n'ayant pas l'embarras du choix. Aussitôt il se mit à marcher devant moi, en agitant son trousseau de clefs, et j'eus tout le loisir de l'examiner. C'était un petit vieillard, courbé en deux, qui paraissait aussi âgé que les murs qui nous entouraient; on aurait dit qu'il avait vieilli avec eux et ne les avait jamais quittés. Tout en marchant, il ne cessait de bavarder, s'arrêtant à droite pour montrer une pierre encore teinte de sang d'un crime séculaire; à gauche pour me faire remarquer la fontaine où, en 1470, la grande duchesse Iseulé venait elle-même laver le linge de ses enfants. J'admirais cette loquacité, c'était un livre vivant, il avait une histoire pour chaque recoin.

Il me proposa de commencer ma visite par la salle des gardes où se trouvaient les portraits de tous les grands-ducs qui s'étaient succédé depuis les temps les plus reculés. « Si vous le permettez, lui dis-je, nous laisserons de côté les salles de réception, les salles de festin, les boudoirs et les jardins du château, et nous visiterons les fameux souterrains dont j'ai entendu parler, et sur les quels on m'a donné des détails dont je veux vérifier moi-même l'exactitude. »

Mon bonhomme parut contrarié de se voir frustré d'une partie des histoires qu'il se proposait de me débiter ; il insista comme si j'attentais à sa dignité de cicerone ; mais devant ma résolution bien arrêtée, il finit par se résigner et, allumant une petite lampe portative qui pendait à sa ceinture, il descendit les premières marches d'un escalier taillé dans le roc, qui se trouvait au pied de la tourelle de l'aile gauche. Emboitant le pas, je me mis à le suivre.

Nous fîmes notre première station dans une salle carrée, en marbre blanc, qui, d'après la tradition, est le dernier vestige d'anciennes constructions romaines qui existaient sur l'emplacement occupé par le château. La salle où nous nous trouvions avait dû être une salle de bain, ou plutôt une piscine. En somme, peu de choses à noter dans cette première pièce, qui était pour ainsi dire l'antichambre des nombreux souterrains, dont les dédales s'étendaient en tous sens sous les fondations du château.

Nous voilà reprenant notre course descendante, l'obscurité la plus profonde avait fait place à la demi-clarté du jour, et notre lampe devenait indispensable pour nous guider sur le terrain humide et visqueux que nous foulions. A tout moment, des chauves-souris, seuls hôtes de ces tristes demeures, éblouies par la lueur tremblante de de la lampe, venaient nous frôler de leurs ailes glabres et froides.

Les souterrains que je parcourais avaient servi autrefois de lieu de réunion aux francs-juges du tribunal de la *Sainte-Vehme* : mon guide, en m'annonçant ce fait que je connaissais, était devenu frétillant ; il se sentait dans son élément ; les histoires lugubres et mystérieuses allaient foisonner.

« Si vous le voulez bien, me dit-il en avançant lentement et avec précaution, je vais vous donner un aperçu sommaire de ce qui s'est passé dans ces lieux. Ces événements m'ont été racontés tout enfant par mon père défunt.

« En 1280, dans toute l'étendue de la Germanie, les lois étaient devenues impuissantes, les tribunaux n'avaient plus aucun pouvoir ; la vertu était persécutée, le crime restait impuni. C'est alors que des hommes de courage et d'énergie se réunirent dans l'ombre, et organisant un tribunal secret, qu'ils appelèrent *tribunal de Dieu*, se mirent à juger sans appel, à condamner sans faiblesse, à exécuter sans pitié. Ce tribunal, dont la puissance pendant plusieurs siècles a fait trembler l'Allemagne entière, avait des ramifications dans tous les pays : *Il était partout et nulle part*.

« Ses membres vivaient dans les palais comme dans les chaumières ; le prince y était l'égal du manant. Toutes les têtes devaient se courber devant les arrêts de cette *loi vivante ;* les lieux que voici étaient un de leurs centres de réunion :

« La première salle, dans laquelle nous arrivons, était la salle du conseil : voici les trois pierres qui servaient de sièges aux trois juges qui étaient chargés de condamner ou d'absoudre ; celle du milieu est plus élevée : c'était la place du *grand-maître ;* sur cette table triangulaire on déposait à côté du *livre de sang (Blut Buch)*, une balance, un poignard, une corde, un crucifix et une branche de saule; les symboles de la justice, du châtiment et du pardon.

« Voilà, aux quatre points cardinaux, les anneaux en fer destinés à recevoir les torches qui devaient éclairer de leur lueur blafarde ces scènes terrifiantes.

« Des années se passèrent ainsi. Protégée par les princes, comptant parmi ses membres les plus riches et les plus puissants, la *Sainte-Vehme* se développa et étendit son autorité occulte de tous côtés. »

Sur ces mots, nous quittons la salle du conseil par un couloir étroit et nous arrivons à la chambre des tortures.

Ce petit trajet permit à mon guide de reprendre haleine; à l'attention que je prêtais à son récit, il avait compris que tous ces détails avaient pour moi un attrait tout particulier.

Aussi, c'est avec une nouvelle ardeur juvénile qu'il reprit en ces termes : « Ici, dans cette pièce, il s'est passé des drames tellement épouvantables que l'imagination la plus folle se refuse à les concevoir. Quand, il y a soixante et six ans, j'ai pénétré pour la première fois, avec mon père, sous ces voûtes, j'avais dix-sept ans; il était simple valet du grand-duc alors régnant. Des réparations urgentes, qu'on avait dû faire dans les fondations, avaient nécessité le déblaiement de toutes ces oubliettes, et quand nous arrivâmes dans cette pièce, dans laquelle nul être humain n'avait mis les pieds depuis des années, nous trouvâmes encore le sol couvert d'instruments de toutes sortes, qui avaient des formes bizarres, et dont plus tard on m'expliqua la destination. Il y avait des brodequins dont l'intérieur était garni de pointes de fer qui entraient dans les chairs du patient; il y avait des casques garnis également de pointes et qui, à l'aide d'une vis, se resserraient sur la tête.

Ici gisaient des tenailles avec lesquelles on arrachait les ongles, des réchauds sur lesquels on grillait les pieds à petit feu, des scies avec lesquelles on mutilait les membres; au mur était pendu un crucifix en fer complètement rouillé; enfin, dans un coin, on voyait un tas d'ossements, des crânes, des fémurs, des tibias, etc.

« Mais, ne nous attardons pas, voilà la porte qui va nous conduire dans la chapelle de la *Vierge sanglante*; cette pièce est la plus curieuse de toutes. »

Arrivé dans cette nouvelle salle, je vis, dans un angle, une simple pierre en forme d'autel; au-dessus il y avait une niche vide; au pied, il y avait une marche. C'est sur cette marche, au dire de mon guide, qu'on faisait agenouiller le condamné pour qu'il fit sa dernière prière. Dans la niche se trouvait autrefois une vierge en bois sculpté, qui tenait un poignard dans sa main droite. La légende prétend qu'au moment où, sur un ordre des exécuteurs, le condamné se levait pour embrasser la vierge, la statue, mue par un mécanisme caché, basculait sur son socle et venait automatiquement enfoncer son poignard dans le corps de la victime; puis, la marche, qui n'était qu'une fausse trappe, s'abaissait subitement et le malheureux tombait au fond d'un précipice.

Mon guide arriva à faire jouer le ressort, et, quand ce plancher mobile se fut lentement abaissé, je sentis, en me penchant, un air frais qui montait des profondeurs de cet abîme, et j'entendis le bruissement lointain de l'eau qui coule. Quels terribles mystères ces ténèbres voilent-elles? Les siècles ont succédé aux siècles, les années aux années, les générations aux générations, et ces lieux sont restés seuls témoins muets des horreurs d'un temps qui n'est plus.

Nous voici devant le cachot où l'on mettait les victimes destinées à mourir de faim. C'était l'*in pace;* quatre pieds de long sur quatre pieds de large; aucune autre ouverture que la lourde porte en pierre qui nous y conduit. Cette porte mérite une description spéciale. Elle est d'un seul bloc, d'une épaisseur de 40 centimètres, et n'a ni verrou ni serrure. Quand elle tourne sur ses gonds, elle rend un bruit sourd et sinistre semblable au cri de la chouette. Encore de nos jours elle reste ouverte. Car si un enfant, en la poussant du doigt, peut la fermer, il est totalement impossible de l'ouvrir de l'intérieur, il faut qu'elle soit de nouveau tirée de force extérieurement.

Mon guide me raconta qu'une dizaine d'années auparavant, un jeune homme faisant partie d'une nombreuse société, eut l'idée, ne se doutant pas du danger, d'entrer dans le cachot et de tirer la porte sur lui. Les personnes qui l'accompagnaient, ne s'apercevant pas de son absence, continuèrent leur visite et finalement remontèrent dans la cour du château, se figurant qu'il avait pris les devants. Pendant ce temps, le malheureux se morfondait dans sa prison, poussant vivement la porte, qui ne cédait pas; il passa une nuit entière à gémir et à pleurer, ayant des hallucinations épouvantables. Ce n'est que le lendemain, à une heure très avancée, quand une famille anglaise se présenta pour visiter les souterrains, qu'il fut délivré. Il commençait déjà à se croire perdu; les premiers tiraillement de la faim se faisaient sentir, et, avec eux, le découragement était venu. Il jura, mais un peu tard, qu'on ne l'y prendrait plus.

En continuant notre promenade, nous arrivons, par un nouveau détour à droite, à la grande trappe destinée à engloutir les criminels coupables de haute forfaiture. A ceux-là on réservait un supplice en rapport avec l'importance du crime qu'ils devaient expier.

Quand cette trappe cédait, le condamné tombait dans un bas-fonds, sur une grande roue en mouvement; cette roue était garnie de lames acérées, qui, en un clin d'œil, déchiquetaient la proie qu'elles venaient de recevoir ;

horrible supplice! Après, je vis encore une série de cachots étroits dans lesquels les prisonniers attendaient l'heure de leur jugement. Des chaînes scellées dans le mur étaient les seuls meubles qu'on y trouvait. La dernière de ces prisons avait un trou béant au milieu du sol. Par ce trou profond de 50 mètres, on descendait le prisonnier à l'aide d'une corde.

Quelquefois, pour s'éviter la peine de le remonter, on y lâchait une bande de rats qui rongeaient l'homme vivant. Toutes ces tortures et toutes ces exécutions, plus épouvantables les unes que les autres, avaient principalement pour but de frapper l'esprit des initiés qui y assistaient. La *Sainte-Vehme* se faisait craindre et respecter par la terreur; elle était sans pitié pour les traîtres.

Tout en causant, j'étais arrivé à un couloir qui se terminait subitement en cul-de-sac, mon guide me dit que ce couloir conduisait à d'autres souterrains, dont l'entrée avait été bouchée par des éboulements successifs. Ne pouvant donc aller plus loin, je me décidai à retourner sur mes pas. Toutes ces horreurs m'avaient glacé.

Une fois revenu à la lumière du jour, je respirai plus librement. Je revoyais la vie, j'étais heureux. Il me semblait que j'avais passé un an dans le séjour des morts.

LA LÉGENDE DE VILIBALD

Parmi les différents buts de promenade qui peuvent intéresser le voyageur qui vient se distraire à Bade pendant quelques jours, et s'y reposer des fatigues de la vie agitée de Paris, le château d'Eberstein peut compter à juste titre parmi les plus atttrayants.

L'*Eberstein schloss*, situé au haut d'une montagne verdoyante, est un des sites les plus ravissants que l'on puisse rêver. Cette ruine imposante, entourée de tous côtés de pins et de chênes séculaires, est d'un aspect vraiment pittoresque et présente un point de vue magnifique sur les vallées de la *Mourg* et du *Rhin*. Ce qui reste encore des débris du château suffit pour donner une idée de son ancienne puissance. Le silence profond qui règne dans ces cours jadis si bruyantes, les tours crevassées, les murs lézardés, les colonnes brisées, tout semble s'unir pour convaincre de la folle ambition des hommes et pour justifier la parole du poète italien : *La vita é un suffio.*

Autour de ces ruines, pendant que les pierres tombent une à une dans le néant, l'immuable nature reprend ses droits et répand partout ses charmes. Les arbres verdissent, les fleurs s'épanouissent, les oiseaux gazouillent, le ruisseau murmure, la vie se renouvelle sans cesse sous l'impulsion de cette mère féconde : *Alma parens*. Triste contraste ! A côté de la mort, la résurrection.

La route qui mène au château d'*Eberstein* est des plus agréables. Elle est bordée de chaque côté de sombres forêts, sur les lisières desquelles on voit apparaitre de temps en temps des chevreuils et des biches, qui sont loin d'avoir l'air effaré : on dirait que ces bêtes sont apprivoisées, tant il est curieux de les voir, suivant de leur regard doux et mélancolique les passants. A mi-chemin du château, on rencontre une habitation d'un aspect propre et coquet. Cette maison, qui sert de restaurant aux nombreux touristes qui parcourent la montagne, a sa légende, et cette légende est des plus curieuses.

Il y a environ trente ans, quand Bade n'était encore qu'une simple station balnéaire, et qu'en fait de public on ne comptait que les habitants et quelques malades, cet endroit était occupé par une petite masure recouverte en chaume. Ce triste réduit était habité par un pauvre diable qui joignait au métier d'aubergiste celui de guide dans la montagne : mais il faut croire que la pratique ne donnait guère, car il était bien misérable. On l'appelait le *père Vilibald*. C'était un type connu à plus de vingt lieues à la ronde.

Son extérieur grotesque provoquait à première vue le rire : il avait une tête énorme et difforme, un nez bourgeonnant, une bouche édentée et grimaçante, un ventre proéminant, reposant sur deux jambes courtes : joignez à cela un air bonhomme et gouailleur et vous aurez une idée approximative du personnage.

On le voyait toujours content; jamais il ne se fâchait, et tous les malheurs qui étaient venus l'atteindre : la mort de sa femme, celle de son fils, les poursuites de ses créanciers n'avaient pu entamer sa bonne humeur. C'était, en un mot, un vrai philosophe.

Les choses en étaient là, quand un beau matin notre homme vit s'arrêter devant sa maison quatre élégants touristes.

Quelle bonne aubaine ! Il y avait bien longtemps qu'il ne s'était vu à pareille fête. Malheureusement, il n'y avait en fait de victuailles dans la maison que du pain, du fromage, des œufs, du miel et de la bière. Régal champêtre ! Pour qui donc le malheureux aurait-il pu faire des provisions ? La saison était mauvaise, et de temps à autre seulement un égaré venait se reposer un instant chez lui et laissait en partant quelques *kreutzers* pour prix de sa frugale consommation.

Le voilà donc faisant l'empressé auprès des hôtes que le ciel lui envoyait.

En deux mots il fut mis au courant de la situation : un accident de voiture, arrivé à cent mètres de là, au bas d'une montée très raide, avait forcé nos jeunes gens à venir lui demander l'hospitalité pour quelques heures. Pendant que le cocher allait réparer tant bien que mal les avaries survenues à l'équipage, on en profiterait pour manger un morceau sur le pouce et boire un coup.

Vilibald était comme un fou ; il courait de tous côtés, cherchant à mettre les petits pots dans les grands pour recevoir dignement les étrangers qu'il prenait, à leur air distingué, pour de grands personnages. Pendant que son unique garçon dressait une table dans l'unique salle de la maison, le père Vilibald, la serviette sous le bras, faisait l'obséquieux, se confondant en courbettes et souriant sans cesse. Il fit si bien qu'il finit pour attirer l'attention d'un des jeunes gens de la bande. « Tenez, dit celui-ci à ses amis en éclatant de rire, avez-vous jamais vu un mufle plus grotesque que celui-là ; c'est une véritable incarnation de Quasimodo. J'aurais un vrai plaisir à faire une esquisse de cette tête. » Le jeune homme qui venait de tenir ce langage n'était autre que Dantan jeune, le célèbre sculpteur.

Le voilà, questionnant le bonhomme, qui lui raconta toutes ses misères, tout en philosophant et en lançant de nombreuses saillies qui ne manquaient pas de sel. Cinq minutes après, on pouvait voir Dantan, un charbon à la main, traçant à grands coups sur le mur blanchi à la chaux le portrait en pied, grandeur naturelle, du digne Vilibald, qui suivait d'un air ahuri le travail de l'artiste.

J'ai oublié de vous dire que l'auberge en question avait une enseigne épique :

Au-dessus de la porte d'entrée, on voyait un énorme cor de chasse, peint en couleurs vives sur une planche noircie qui se balançait au vent : au bas on lisait ces mots en bon français :

« *A la cor de chasse.* »

Dantan avait fini son esquisse, quand, en levant la tête, il aperçut au-dessus du comptoir la même enseigne soulignée dans les mêmes termes.

Soudain une idée lui vient, et, mettant à profit la faute

de français, il traça en deux coups un superbe cor de chasse sous le bras de son sujet, avec ces quatre mots en exergue :

« *A l'accord de chasse.* » Le jeu de mots plut aux amis, et ce fut pendant quelques minutes un éclat de rire homérique.

Naturellement, le repas, si modeste qu'il était, fut trouvé exquis. L'hôtelier avait fait décidément la conquête de Dantan. Ce dernier l'invita à venir le voir à Bade, lui disant qu'il ferait son buste ; l'autre ne savait pas ce que cela voulait dire, mais il y allait de confiance, il était en adoration devant l'artiste. Aussi, le lendemain, fut-il exact au rendez-vous ; quelques séances suffirent pour l'achèvement du buste, qui était d'une ressemblance frappante. Avant de quitter Bade, Dantan en fit cadeau à Vilibald, en souvenir du déjeuner à *la Cor de chasse*.

A la suite de cette aventure, tous les journaux de Bade et des environs ne parlèrent plus que de Vilibald ; on en faisait un Dieu. Aussi, qu'arriva-t-il ? Tout le monde voulut le voir, lui serrer la main : Chaque jour des bandes de promeneurs venaient assiéger son auberge. Le garçon de Vilibald était sur les dents ; il fallut prendre des aides. Le bruit de la vaisselle, les allées et venues des voitures avaient succédé au calme et à la solitude d'autrefois.

Avec les promeneurs, la fortune, si longtemps rebelle, vint frapper à la porte du bonhomme. C'était un changement complet.

Quelque temps après, profitant de la saison d'hiver, Vilibald fit abattre sa masure, ne respectant que le mur sur lequel se trouvait le portrait fait par Dantan, et, bientôt après, un luxueux hôtel s'élevait à la place de la chaumière.

Depuis ce jour, les excursions n'ont cessé de se succéder à *la Cor de chasse*. On y déjeune et dîne entouré d'un confort qui peut rivaliser avec celui des premiers hôtels de Bade. On y trouve des cabinets particuliers, vrais nids d'amoureux. Dans la petite rivière qui coule sous les fenêtres, vous voyez les truites s'ébattre et vous choisissez celle qui vous plaît et que vous jugez digne de votre palais; en un instant elle est pêchée, tuée, accommodée et servie. Le champagne et le vieux bordeaux coulent à pleins bords, et les échos d'alentour répètent les francs rires de la jeunesse.

Vilibald, à ce métier, est devenu millionnaire; il est toujours là, surveillant tout de son œil de maître, seulement il ne se prodigue plus, et il faut déjà avoir une note un peu élevée à payer pour qu'il consente à vous la présenter lui-même sur une facture reproduisant comme en-tête l'esquisse de Dantan: son buste se trouve scellé au-dessus de la porte principale et grimace continuellement aux passants.

Telle est la légende de *Vilibald*.

Il y a déjà dix ans que je n'ai pas passé à Bade ; je ne sais si Vilibald est encore de ce monde, mais l'auberge de *la Cor de chasse* existe toujours, et attire toujours une nombreuse et joyeuse société.

LES ESPRITS FAMILIERS ET LES GÉNIES TUTÉLAIRES

I

« On trouve presque partout, a dit Voltaire, l'extrême folie jointe à un peu de sagesse dans les mœurs, les cultes et les croyances d'un peuple. »

Si les Grecs ont placé sous la protection des Parques la destinée de chaque mortel, les Romains ont fait intervenir d'une manière plus directe encore les trois déesses, lors de la naissance de leurs héros : c'étaient les Parques qui, assises au chevet du berceau, leur dispensaient tantôt la force, la santé et toutes les qualités qui devaient les rendre célèbres; tantôt les défauts, les passions et les vices qui devaient les mener à une chute certaine.

D'autres fables nous représentent les héros exposés après leur naissance au fond des forêts et nourris par des animaux, symboles ou attributs de quelque divinité. Ainsi Jupiter eut pour nourrice la chèvre Amalthée; Sémiramis fut élevée par des colombes; Romulus et Rémus furent allaités par une louve. Mais indépendamment des dieux et de leurs symboles, nous trouvons dès l'antiquité la plus reculée, des génies, anges ou démons, des esprits familiers qui règlent la destinée des individus, celle des familles et même celle d'une nation entière. Les traditions de l'Asie, de l'Egypte, de la Grèce et de l'Italie, offrent sous ce rapport des conformités frappantes. Ces génies, bons ou mauvais, passaient pour exercer une influence directe sur tous les événements.

Au moyen âge, nous trouvons les fées occupant en maîtresses absolues toutes les contrées de l'Europe. Les fées *appartiennent* au système religieux celtique; elles marquent la décadence, et sont l'altération des druidesses, comme les sorcières sont l'altération des fées. Elles ne faisaient jamais défaut lors de la naissance de l'héritier de quelque famille illustre. En déposant sur le berceau de l'enfant leurs dons célestes, elles formulaient leurs prédictions sur son avenir et le protégeaient plus tard de leur pouvoir surnaturel.

La tradition donne à Godefroi de Bouillon pour bisaïeule une fée épousée par le roi Lothaire, et dont les enfants étaient venus au monde avec un collier d'or au cou, ce qui leur donnait le pouvoir de se changer en cygnes. Une pareille tradition se raconte en Alsace sur le château de *Rheinfeld*, où viennent s'abattre tous les ans une troupe d'oies sauvages. Longtemps avant l'occupation romaine, ce castel avait été bâti, dit-on, par des fées qui y passaient leur temps à tisser des étoffes d'or destinées à servir de talisman à ceux qu'elles voulaient bien en gratifier.

Lors de l'invasion de Jules César, ces fées se métamorphosèrent en oies et s'envolèrent. On prétend que fidèles au souvenir de leur premier séjour, elles reviennent tous les ans faire leur nid dans le château. J'ai eu entre les mains une très ancienne chronique allemande qui rapportait que quand il naissait un garçon dans l'illustre maison de *Rheinfeld*, les mâles de ces oies paraissaient revêtus de plumes grises et prenaient le dessus du pavé dans les cours du château ; mais que, quand au contraire c'était une fille, les femelles en plumes plus blanches que le lait, prenaient la droite sur les mâles : quand cette fille devait être religieuse, on remarquait une des oies qui ne nichait pas, mais demeurait solitaire, mangeant peu et soupirant fort.

La plus célèbre des fées françaises est sans contredit Mélusine, la fidèle protectrice de la maison de Lusignan, au sujet de laquelle les inventions fantastiques ne font pas défaut.

Catherine de Médicis, si amoureuse du merveilleux, ne dédaigna pas, lors de son séjour à Poitiers, en 1576, de se détourner de son chemin pour aller visiter les ruines du château de Lusignan et prit plaisir à s'en faire raconter les légendes par les vieilles femmes du pays.

En Alsace, nous trouvons encore beaucoup de vestiges de fées sur les deux versants des Vosges. L'Allemagne en a moins : par contre, les légendes sur les génies tutélaires sont nombreuses. La plus intéressante est celle qui représente l'empereur Frédéric Barberousse sommeillant dans la caverne du *Kiffhaeuser*, prêt à se réveiller et à se mettre à la tête de ses légions au moment suprême où la patrie en danger aura besoin de lui. Il est assis à une table de pierre ; sa longue barbe rousse fait deux fois le tour de la table; il a les yeux ouverts et remue parfois les paupières. Sa tête ornée de la couronne impériale est appuyée sur son coude...

Les châteaux du vieux *Géroldsec*, de *Schvanau*, du *Burgenfeld* ont aussi leurs génies tutélaires, qui, semblables aux dioscures de la Grèce, apparaissent parfois subitement pour prévenir les chevaliers ou leurs descendants de quelque danger pressant et pour leur indiquer les moyens de se prémunir contre ses atteintes.

Une fiction très enracinée encore est celle qui se rattache aux *Ahnfrauen* (vieilles femmes) et aux *Weise-Frauen* (dames blanches). Ces esprits se montrent de nuit à de certaines époques dans les châteaux en ruine pour prédire soit un décès prochain soit quelqu'autre malheur.

Il me reste à parler des nains, cette race si répandue et si connue dans les croyances populaires scandinaves, germaines et celtiques. Tantôt ce sont des génies élémentaires, personnification des forces de la nature: ils résident dans les sources, les fleuves, les lacs, les montagnes; ils ne sortent que la nuit pour exécuter, à l'instar des fées, leurs rondes mystérieuses sur le gazon humide. Tantôt, véritables génies domestiques, ils se plaisent au commerce des hommes, ils entrent dans leurs habitations, participent à leurs travaux rustiques et prennent surtout soin des bestiaux, rappelant ainsi les pénates et les lares des Romains. En Saxe, on connaît une race particulière de nains appelés *Kobolds;* ils portent des habits et des bonnets rouges; ils traversent l'air, laissant derrière eux une traînée de feu, et rendent toute espèce de services au maitre qu'ils se sont choisi.

Ce serait une erreur de croire que la tradition populaire qui relate ces contes fantastiques, se soit arrêtée et fixée pour toujours à l'époque du moyen âge, et qu'elle ne consiste plus aujourd'hui que dans le récit des événements merveilleux du passé. Non! la tradition n'est pas morte, et elle est loin d'avoir dit son dernier mot. Revêtue de son voile mystérieux, tenant dans la main son bâton magique, elle marche d'un pas assuré au travers de notre siècle de lumière et de progrès. Elle laisse échapper parfois des paroles incompréhensibles pour les philosophes et les sceptiques, mais qui ont leur sens et leur portée pour les âmes naïves et croyantes. Dans son imagination mobile, le peuple se plaît encore de nos jours à façonner à sa guise les événements importants dont il ne peut se rendre compte.

Il n'y a dès lors rien de surprenant de voir la tradition s'emparer de ce grand empereur qui dictait naguère ses lois à l'Europe entière, et qui, de simple lieutenant d'artillerie, en était arrivé à faire trembler les nations sous sa main de fer. D'après la chronique, un génie tutélaire, représenté sous la figure d'un petit homme rouge, se montrait parfois dans les galeries du palais des Tuileries. Son apparition était le pronostic infaillible d'un décès ou de quelque danger grave qui menaçait Bonaparte et sa famille. En Alsace, le peuple enthousiaste a voulu perpétuer le souvenir de cet être imaginaire : Tout le monde connaît à Strasbourg l'enseigne du petit homme rouge, « *Das Rothe Maennel* ». Béranger aussi, dans une de ses chansons, parle du petit homme rouge et le représente sous des traits hideux : le nez crochu, le pied fourchu, et un serpent comme cravate.

Qu'on se rappelle, entre mille créations de la superstition moderne, les récits bizarres répandus après la première restauration sur ces soi-disant docteurs russes, qui, enveloppés de leurs manteaux gris, parcouraient le soir les rues et arrachaient le cœur aux passants attardés. On connaît de même les singuliers récits débités lors de l'ouverture des chemins de fer, relatifs à cette riche héritière à la tête de mort ou au groin de sanglier qui se montrait périodiquement dans les hôtels, promettant de partager ses trésors avec celui qui consentirait à l'épouser. Enfin, il y a encore la fable baroque du caleçon de peau humaine. Je terminerai par une dernière légende, peu connue en France, et que cependant chaque paysan habitant les rives du Rhin pourra vous répéter.

Lorsque le grand empereur des temps modernes fut mort dans une île lointaine, et que la nouvelle de son décès fut parvenue en Europe, le peuple n'y ajouta aucune foi. La rumeur générale attribua cette nouvelle fatale aux Anglais, qui étaient les ennemis jurés de ce monarque déchu. Un certain soir, deux hommes du pays, se promenant autour de l'enceinte du château de *Kiffhaeuser*, dans les souterrains duquel sommeille depuis des siècles, comme je viens de le dire, l'empereur Barberousse, aperçurent un petit homme revêtu d'une capote grise et coiffé d'un chapeau à trois cornes : il marchait d'un air pensif; son visage était pâle et triste; son regard brillait d'un éclat mystérieux. Tout à coup, il disparut aux yeux des paysans interdits, et, dans les flancs de la montagne, ils entendirent un bruit semblable au cliquetis de nombreuses armes qui s'entrechoquent. La montagne en fut ébranlée au point que la vieille chapelle du château, déjà à moitié délabrée, s'écroula complètement.

Depuis ce moment, à ce que l'on prétend dans le pays, l'empereur Barberousse est délivré de l'enchantement dans lequel il avait été retenu si longtemps; et dans la caverne souterraine occupée par lui, à la table ronde sur laquelle il avait appuyé son coude, est assis aujourd'hui, sommeillant et plongé dans de profondes rêveries — l'empereur Napoléon Ier. Puisse-t-il se réveiller.

LA PIPÉE

A l'âge de vingt ans, Bernard L... avait été envoyé par son père à Strasbourg, pour y terminer ses études de droit. C'était un gai viveur, un franc luron, qui dépensait consciencieusement en bombances l'argent que lui octroyait la munificence paternelle; il se serait cru déshonoré de paraître aux cours de la faculté en dehors des jours d'appel, ce qui avait lieu une fois par mois. On le voyait toujours heureux et sans souci : c'était lui qui avait le mot pour rire, c'était lui qui était l'éternel bout-en-train de toutes les parties. Inutile de dire qu'il était adoré des femmes. Malgré la vie de polichinelle qu'il menait, il était arrivé, je ne sais trop comment, à passer tant bien que mal les examens qui mènent à la licence; mais le plus difficile restait à faire; il ne s'en effrayait nullement, car il se sentait né avec la chance. Aussi travaillait-il moins que jamais.

Il devait soutenir sa thèse le 15 juillet, quand la guerre éclata avec la Prusse. Décidément la veine le poursuivait. Au jour dit, pendant que devant l'aréopage des professeurs réunis, Bernard s'évertuait à expliquer sa compilation juridique, qui était plus que médiocre, car ce n'est pas par es cascades qu'on s'initie aux secrets des préceptes de Justinien, ses juges avaient l'esprit ailleurs.

Au lieu de suivre les dissertations du candidat, ils dévoraient les journaux donnant les tristes nouvelles que vous savez : défaites, débandades, marches en avant de l'ennemi, etc., etc.; et c'est dans ces circonstances que Bernard L... fut nommé licencié en droit, à la majorité de trois boules rouges sur une noire. « *Dignus erat intrare in nostro corpore.* » On peut dire avec raison que si nos désastres ont profité à quelqu'un, c'est bien à ce bon Bernard, qui, sans eux, n'aurait jamais pu arriver à franchir ce fameux Rubicon.

Pendant la guerre, tout glorieux de son succès, il fit vaillamment son devoir.

Incorporé dans une légion de francs-tireurs, il se battit comme un lion, fut plusieurs fois cité à l'ordre du jour, et quand, après l'amnistie, chacun rentra dans ses foyers, Bernard revint chez son père avec la médaille militaire. Il l'avait mieux gagnée que son titre d'avocat.

Six mois de camp et de vache enragée avaient mûri notre jeune écervelé; il en avait assez de la vie de garçon. Aussi, papa Bernard, heureux des bonnes dispositions de son fils, s'empressa-t-il de battre les buissons pour lui trouver ce qu'on appelle vulgairement chaussure à son pied. A force de chercher, il finit par découvrir une jeune personne assez gentillette, dont le père dirigeait une importante fabrique de poteries.

La fille était unique, l'occasion était belle, car, avec la fille, le beau-père donnait aussi ses pots: l'affaire fut bien vite bâclée.

Voilà donc Bernard fils avocat, marié et, ce qui ne nuisait pas, fabricant de pots.

Au bout d'un an de mariage, il était père. La bonne étoile qui veillait sur lui était loin de se voiler. Ses affaires réussissaient à merveille; la fabrique, déjà importante entre les mains du beau-père, avait pris une nouvelle extension sous la direction du gendre. Tout allait donc pour le mieux dans le meilleur des mondes quand.... comme dans la fable, *une poule survint....*

La poule était représentée par une certaine comtesse russe, légèrement ruinée, mais qui, grâce à son astuce, dissimulait tant bien que mal sa position gênée.

La famille Bernard avait rencontré cette dame aux bains de mer; on s'était vu plusieurs fois sur la plage, on s'était causé, on s'était convenu, et finalement Mme Bernard était devenue l'amie intime de la comtesse Léopoldine X..., qui, du premier coup d'œil, avait compris le parti qu'elle pouvait tirer de cette fréquentation.

On prétend que les contrastes se recherchent; il faut le croire, car autant la femme de Bernard était petite, mince et fluette, autant la comtesse était grande et bien prise. Chacune avait son charme particulier; l'une devait plaire par sa gentillesse, l'autre par sa belle carnation. Aussi, qu'arriva-t-il? Bernard, qui était le modèle des maris, devint bientôt un mari en partie double. Seulement le partage était inégal : s'il réservait à la comtesse ses attentions et ses prévenances, que celle-ci semblait habilement provoquer et encourager; il ne ménageait pas à sa femme ses humeurs maussades et hargneuses.

Cette dernière, que la naïveté du couvent n'avait pas encore abandonnée, ne savait trop comment expliquer ce changement subit. Cherchant à excuser son cher Bernard, elle mettait ses brusqueries sur le compte des préoccupations d'affaires. C'est aussi aux affaires qu'elle attribuait la diminution de son budget particulier. Innocente enfant! Elle était loin de se douter que le plus clair des bénéfices obtenu sur la vente des pots passait entre les mains de sa charitable amie, qui avait toujours quelque créancier impitoyable à satisfaire.

Les choses marchèrent de ce train pendant quelque temps; La comtesse Léopoldine avait entièrement capté la confiance de Mme Bernard; elle affectait la plus grande indifférence pour le mari; en un mot, elle jouait bien son jeu, et les deux amies ne se quittaient plus. Un beau matin, Mme Bernard, espérant, par un changement de milieu, retrouver son mari ce qu'il était autrefois, décida qu'on partirait pour la campagne tous les trois : Elle, son mari et l'inséparable comtesse. Elle avait choisi un endroit bien isolé au fond des bois. On y serait tranquille, loin des importuns et du tracas des affaires. On pourrait pêcher et chasser à son aise, faire de bonnes promenades en canot et en voiture; en un mot, se donner à cœur joie de tous les plaisirs champêtres. Bernard viendrait à la ville deux fois par semaine pour surveiller sa fabrique; pendant ce temps, les deux amies se tiendraient réciproquement société.

Aussitôt dit, aussitôt fait. Huit jours après, ce ménage à trois était installé dans un charmant petit cottage. Au commencement, tout alla bien, Bernard avait repris son amabilité d'antan envers sa femme, qui en était toute joyeuse; et la comtesse aussi paraissait partager le bonheur de son amie.

Un jour, Bernard, profitant d'une migraine qui retenait sa petite femme alitée, proposa à la sémillante comtesse une partie dans les bois. « Je connais, disait-il, à deux kilomètres d'ici, une hutte de berger au milieu d'une ravissante clairière. Cette cabane, placée à quelques pas d'un chêne séculaire, qui est tous les soirs le rendez-vous de myriades d'oiseaux, est on ne peut mieux située pour prendre ces oiseaux à la pipée. Il a fait petite pluie ce matin; les feuilles sont moites, le vent est tombé, l'occasion est propice; voilà, chère comtesse, j'en suis certain, une chasse qui vous fera plaisir et qui vous amusera. Nous irons là à la tombée de la nuit, et nous ferons ample provision de ces volatiles, que nous apporterons à notre intéressante malade. » Ce projet, qui n'était qu'un prétexte pour s'isoler, fut adopté par la comtesse et approuvé par Mme Bernard, qui semblait contente de voir son mari prendre quelque distraction; mais au fond, de son côté aussi, ce n'était qu'une feinte; car, à force de paraître aveugle, elle avait fini par y voir clair; nos complices s'étant habitués à ne plus prendre aucune précaution. Elle voulait, grâce à cette migraine simulée, les surprendre, les confondre et se venger ensuite. Dès que le soleil fut descendu à l'horizon, nos deux tourtereaux se mirent en route, bras dessus, bras dessous, Bernard son fusil de chasse sur l'épaule, la comtesse portant la corbeille qui contenait la glu, les gluaux, la serpe et d'autres ustensiles.

Le chemin qui mène à la clairière fut lestement parcouru, malgré les nombreux baisers qui émaillèrent la route.

Arrivés à la cabane, ils se mirent à organiser, pour la forme seulement, les apprêts de la pipée. Pendant que la comtesse plaçait les gluaux dans les rameaux et les enduisait de glu, Bernard remplissait l'intérieur de la cabane de feuilles sèches, et dissimulait de son mieux l'entrée, en plaçant devant des branchages qu'il allait couper dans le voisinage : ils pensaient donner ainsi le change aux curieux qui auraient pu les épier. Ces préparatifs terminés, ils s'installèrent côte à côte dans la petite cabane, qu'ils fermèrent hermétiquement, et la pipée commença, ou plutôt fut censée commencer, car ils ne songèrent guère qu'à échanger de bruyants baisers.

Pendant que nos amoureux se croyaient transportés dans un monde de délices éternelles, l'implacable épouse qui, dissimulée derrière un arbre, avait suivi tous leurs mouvements, s'empressa de sortir de sa cachette, et bondit vers la cabane. Le doute n'était plus possible : à travers les interstices des branchages sortaient quatre jambes étroitement entrelacées. C'était l'esquisse d'un tableau dont le mystère se perdait dans l'intérieur de la hutte. . . . .

Complètement affolée, elle se précipite contre les branches, cherchant à les renverser pour se frayer un passage, mais elle fit si bien, qu'elle emmêla entièrement sa chevelure dans les gluaux ; chaque nouveau mouvement ne servit qu'à l'enchevêtrer davantage, et force lui fut de crier et d'appeler au secours. Les deux coupables, pris à l'improviste, sortirent de leur logette aussi confus de se voir découverts, qu'étonnés de la situation comique de Mme Bernard. Les voilà donc faisant de leur mieux pour dégager cet oiseau inattendu, qui ne cessait de déverser sur eux, injures et imprécations, Enfin, elle est libre ; et la réaction se faisant, un torrent de larmes succéda à la colère du premier moment.

Bernard qui n'était pas méchant au fond, et qui aimait

toujours sa femme, se mit à ses genoux et lui demanda pardon en faisant des excuses et des promesses qui finirent par la désarmer.

Restait la comtesse, dont la situation était plus que gênante. Honteuse et consternée, elle tournait le dos en baissant la tête.

Mme Bernard, toute heureuse des protestations que son mari venait de lui faire, eut pitié de la malheureuse, et, lui prenant la main :

« Que tout ceci soit oublié, dit-elle, je vous pardonne, à la condition de vous voir partir dès demain pour Paris. »

Le lendemain, la comtesse quittait le cottage. Mme Bernard a regagné toutes les tendresses et toutes les attentions de son mari, qui ne veut plus entendre parler des comtesses russes, et, si parfois il lui arrive encore d'aller à la pipée, c'est sa petite femme qu'il emmène.

Chères lectrices! c'est à vous que j'adresse cette dernière question : A la place de Mme Bernard eussiez-vous agi comme elle? J'en doute.

LA TABLE EN ALSACE

Tout le monde sait que l'Alsace est renommée pour sa table et ses festins pantagruéliques; mais ce que peu de personnes connaissent, c'est le point de départ de ces aptitudes gastronomiques.

Pourquoi l'Alsace a-t-elle la réputation (réputation de vieille date) d'être forte mangeuse? Quelques détails intimes, puisés à la source même, donneront sur cette question l'explication voulue.

Je sais bien qu'une foule de gens sérieux, ou qui s'imaginent l'être, hausseront les épaules. Quoi! diront-ils, vous venez nous parler de pareilles futilités, quand tant d'intérêts graves sont en jeu. Laissez donc les détails de cuisine à ceux qui ont pour attribution de s'en occuper. Eh bien, non! quelque bon que soit le conseil, je ne le suivrai pas, parce que je suis philosophe à ma manière. Je suis un fureteur incorrigible, qui préfère les petits mystères que beaucoup ignorent, aux grandes choses que chacun connait, et je prétends qu'une étude, si banal que soit le sujet, est toujours profitable. Soulevons donc un coin du voile qui recouvre le côté intime et domestique de ce pays.

L'Alsace a été admirablement favorisée par la nature. Un climat tempéré permet au sol de produire les végétaux les plus variés avec une profusion extraordinaire. Ses plaines chargées de blés ont aidé plus d'une fois à l'alimentation des contrées voisines désolées par la famine. « De tout temps, dit un vieux chroniqueur, l'Alsace a été la cave à vin, la grange à blé, le garde-manger des pays environnants. » Les vins y croissent abondamment, les fruits y sont délicieux.

Cette richesse de productions alimentaires en fait un pays propice à la bonne chère. A ces heureuses dispositions du sol, viennent se joindre les richesses aquatiques. Un fleuve immense, le Rhin, traverse l'Alsace sur une longueur de cinquante lieues environ, il reçoit dans son lit une foule de ruisseaux et de rivières qui sillonnent le pays en tous sens et fournissent les plus grandes variétés de poissons. Ses îles et ses rives sont peuplées de faisans, de canards sauvages, de poules d'eau et d'échassiers de toutes sortes. Enfin, les grandes forêts qui viennent se mirer dans le cristal de ses eaux renferment un gibier nombreux : lièvres, chevreuils, daims, sangliers, cerfs, s'y donnent rendez-vous.

De l'autre côté de ce fleuve légendaire s'étalent les Vosges, où l'on voit le gai feuillage de la vigne trancher sur la sombre verdure des sapins. Dans ces retraites silencieuses vivaient autrefois d'innombrables bêtes fauves, que la civilisation a en partie détruites ou refoulées. Dans les vieux temps, les rois y ont chassé l'élan, l'auroch, l'ours, dont le dernier a été tué dans la forêt de Bussan en 1709. Je ne parle de la chasse qu'en passant; ce vaste sujet qui, pour être traité comme il le mérite, demande l'expérience d'un adepte, est un véritable drame, dont l'origine se perd dans les souvenirs de la mythologie scandinave avec les chasses furieuses d'Odin et qui finit dans les bruits de la Révolution, avec les chasses galantes du cardinal de Rohan, qui fut le dernier veneur alsacien.

Il me reste à mentionner la ressource fondamentale de l'alimentation, les animaux domestiques tels que poules, chapons, oies, canards, dindons, etc., et le bétail avec les accessoires qu'il donne. Dans les vallons des Vosges, l'éducation du bétail a moins pour but la boucherie, que la production du laitage. Les beurres et les fromages de ces vallées sont justement célèbres.

Plus vers le nord, l'éducation des grands troupeaux de porcs a toujours été en grand honneur : l'usage de la viande fraîche et salée du porc a fait de tout temps la nourriture fondamentale des Alsaciens. Ils avaient cela de commun avec les Romains de la vieille République. Je ne citerai que pour mémoire les fameux vins du Rhin dont la réputation est universelle, et je terminerai en donnant quelques explications sur les deux grandes spécialités de l'Alsace : la choucroute et le pâté de foie gras.

C'est toujours à l'entrée de l'hiver que l'on s'occupe de l'importante préparation de la choucroute, cette âpre et vigoureuse conserve qui demande de solides estomacs. Son origine se perd dans la nuit des temps. Un vieil auteur, Jérôme Bok, en parle déjà en 1577 comme d'une institution ancienne « *der Cappes ist eingesaltzen* », le chou est salé, dit-il laconiquement. Pour faire la choucroute, on emploie le chou blanc, que l'on hache menu et que l'on laisse aigrir, après l'avoir bien salé et avoir ajouté quelques épices.

La choucroute n'est bonne que cuite avec le lard, suivant l'expression du pays « *vann die Sau dadurch geloffen ist* » : quand le cochon a passé à travers. Elle est encore aujourd'hui le mets favori des dimanches et jours de fête, et parait sur la table du riche comme sur celle du pauvre; on en fait un grand sujet d'exportation.

Ce qui a valu à l'Alsace sa plus grande renommée, renommée qui a traversé les mers, c'est à coup sûr la fabrication de ses fameux pâtés de foie gras.

C'est l'oie qui est destinée à produire cette substance si délicate connue sous le nom de foie gras. Ne croyez pas que la nature y soit pour quelque chose; l'oie par elle-même n'a rien de remarquable, mais l'art de l'homme en a fait un instrument qui donne un résultat merveilleux, une espèce de serre chaude vivante dans laquelle se développe un fruit exquis.

Je passe sous silence les tortures auxquelles la gourmandise soumet ce malheureux volatile, pour arriver au résultat désiré. Après un martyre de trente jours, l'oie est tuée et le foie que l'on retire pèse souvent jusqu'à deux kilogrammes.

A la suite de ces quelques notes, il est facile de résoudre la question que je faisais en commençant : pourquoi l'Alsace est-elle une grande mangeuse? La richesse des productions du sol est telle, que l'habitant de ces pays n'a eu de tout temps que la peine de tendre la main pour cueillir ce qui lui plaisait et pour donner satisfaction à tous ses goûts. Enfin, le climat tempéré et l'air pur et vif de cette contrée viennent encore en aide à toutes ces tentations en réveillant les sens et en stimulant l'appétit; à tel point que même l'étranger qui vient y vivre quelque temps éprouve, contrairement à ses habitudes, le besoin de se soutenir par une alimentation fortifiante et souvent répétée. Voilà la clef de l'énigme. C'est pour cette raison que l'Alsace a été, est et sera toujours une forte mangeuse. Ce que j'en dis, ce n'est pas pour faire l'apologie de la gourmandise; loin de là, j'ai voulu simplement prouver que les habitudes d'un pays sont toujours respectables, parce qu'elles ont toujours leur raison d'être.

LA LÉGENDE DU BAILLI

Par une belle soirée de printemps, le bailli Ledermann était assis dans son jardin, humant l'air embaumé des fleurs et tirant de larges bouffées de sa longue pipe en porcelaine. Il avait bien soupé, un air de béatitude se reflétait sur sa face rubiconde et contrastait avec la mine piteuse et renfrognée de son secrétaire intime, Herr Hosenpeitel, qui, debout devant lui, attendait ses ordres au sujet d'un pauvre diable de bohémien qu'on avait arrêté dans la journée en flagrant délit de vol d'une paire de poulets. « Qu'on le pende. » Telle avait été sa réponse péremptoire, aussitôt qu'il avait connu le cas. Notre homme, en effet, ne se souciait pas d'être dérangé plus longtemps pour un misérable de cette espèce. Cependant le secrétaire ne bougeait pas.

« Eh bien, drôle! reprit le bailli, dont la figure commençait à s'assombrir, qu'attends-tu? Que ne vas-tu exécuter ma sentence? Tu as donc juré de troubler éternellement ma sieste.

— C'est que, objecta timidement le secrétaire, j'ai une demande à vous faire. Le bohémien que vous venez de condamner désire vous parler; il affirme que votre intérêt est en jeu, et que vous n'aurez pas à regretter de l'avoir entendu.

— Qu'on l'amène, et souviens-toi, Hosenpeitel, que si tu m'as dérangé en vain, tes épaules te cuiront. » Martin Bàton était effectivement un des arguments dont se servait cet excellent bailli à l'égard de ses subalternes. Un instant après le bohémien est amené.

« Seigneur, dit-il en se prosternant devant son juge, vous m'avez condamné à être pendu : mon méfait cependant n'était pas grave. Quand on a faim, on ne raisonne pas. J'avoue que la vie que je mène n'a rien d'attrayant. Repoussé de toutes parts, moi et les miens, nous voyageons sans cesse, comme le Juif-Errant, allant de bourgade en bourgade, disant la bonne aventure, en échange d'un morceau de pain ou d'une pièce de monnaie. Malgré toutes ces misères, j'ai le tort de tenir à la vie, et si vous voulez bien m'accorder la liberté, je vous offrirai en échange un talisman d'une grande valeur. »

A ces mots, Ledermann dressa l'oreille. Comme toutes les personnes de son époque, il était superstitieux et avait une foi aveugle dans le surnaturel.

Un talisman ! quelle aubaine ! et c'est un malheureux qu'il allait faire pendre qui venait satisfaire le plus ardent de ses désirs. Mais si c'était une ruse !

« Et quel est ce talisman, dit-il d'un air indifférent, en s'adressant au bohémien.

— C'est une poudre qui, à l'aide d'une seule parole prononcée par celui qui en prend une petite dose, a le don de le transformer en toute espèce d'animal de la création, selon son désir, et lui donne en même temps la faculté de comprendre le langage de toutes les bêtes.

— Alors que ne t'en sers-tu toi-même.

— Parce que, seigneur, je ne sais pas lire ; le mot à prononcer étant indispensable pour que le charme opère, je n'ai jamais pu le déchiffrer sur le petit parchemin où il est inscrit.

Le bailli était désarmé. En un instant le marché fut

conclu. Le pauvre diable était libre d'aller se faire pendre ailleurs en échange de sa poudre et de son parchemin.

— Je vous ferai observer, dit-il en s'en allant, que notre *grand-chef*, de qui je tiens ce talisman, m'a souvent répété qu'il ne fallait pas oublier de reprononcer le mot magique quand on désirait faire cesser le charme et qu'on devait surtout se garder de rire pendant la transformation, sinon on risquait fort de rester toujours ce qu'on avait désiré n'être qu'un instant. »

Aussitôt après le départ du bohémien, notre magistrat et son secrétaire allèrent s'enfermer dans la bibliothèque du bailliage, afin de découvrir le fameux mot. Après bien des tâtonnements et des recherches dans de vieux manuscrits, ils finirent, en comparant les caractères, par lire ce mot latin : « *Mutabor*. » Ce qui signifiait : « *Que je sois transformé*. » Séance tenante, le bailli, qui ne se possédait plus de joie, voulut voir opérer le charme. Seulement c'était sur son fidèle serviteur qu'il voulait commencer l'expérience. Lui faire prendre la poudre en le priant de demander à être changé en perroquet, après avoir crié : « *Mutabor* », tout cela fut l'affaire d'un instant; et, à sa grande satisfaction, le talisman produisit son effet. Plus de secrétaire, mais un magnifique perroquet vert et rouge qui vint se percher familièrement sur son épaule en babillant et en l'appelant « vieux fripon ». Ledermann était heureux : le bohémien ne l'avait pas trompé. Après que le mot magique eut été prononcé à nouveau, le perroquet disparut, et Hosenpeitel se retrouva à ses côtés.

Ils étaient désormais liés l'un à l'autre par ce secret. Leur étonnement une fois calmé, ils se jurèrent réciproquement de ne révéler à âme qui vive ce qui venait de se passer et s'entendirent pour aller, dès le lendemain, faire un tour à la campagne, afin de mettre le talisman à contribution.

— Comme il est tard, dit le bailli, allons nous coucher; demain nous visiterons ensemble les forêts, les plaines et les rivières; et nous saurons ce qui se dit parmi les animaux.

A peine le soleil commençait-il à dorer l'horizon, que déjà nos deux compères étaient en route. Ils marchèrent bien longtemps sans rencontrer aucun être vivant. Enfin, ils arrivèrent à un étang sur les bords duquel ils aperçurent une cigogne. La cigogne longeait la rive du haut en bas, happant par ci par là une grenouille et faisant claquer son bec.

En même temps ils virent dans les airs une autre cigogne qui claquetait également et se dirigeait à tire d'ailes vers l'endroit où se trouvait la première.

— Je parie cent pistoles, dit le secrétaire, que ces deux échassiers tiennent ensemble, à distance, une conversation qui doit être des plus intéressantes. Si nous étions cigognes, nous comprendrions et ce serait curieux.

— Bien dit, riposta le bailli; mais auparavant, je te recommande sérieusement de ne pas oublier le mot que nous avons à prononcer quand nous voudrons redevenir hommes, et pour l'amour de Dieu garde-toi de rire.

Pendant qu'ils causaient ainsi, la cigogne qui planait au-dessus de leurs têtes s'était laissé descendre lentement à terre. En même temps le bailli sortit de sa poche la boîte à poudre, aspira une bonne prise, en offrit une à son secrétaire et tous deux se mirent à crier à l'unisson : *Mutabor*. Soudain, voilà leurs jambes qui s'étirent et s'amincissent, leurs vêtements disparaissent, leurs bras deviennent des ailes, le cou sort des épaules et s'allonge d'une aune, le nez devient un long bec et leur corps se couvre de plumes.

— Vous avez un bien joli bec, dit le secrétaire en se tournant vers son compagnon après une longue pause de stupéfaction. Ma parole, je n'ai jamais rien vu de pareil dans ma vie. Votre Seigneurie a encore meilleure tournure sous la forme d'une cigogne que sous celle d'un bailli. Si vous le permettez, allons à présent nous mêler à nos camarades et écoutons leur bavardage, pour voir si nous comprenons le langage cigognais.

Arrivés près des deux cigognes, ils ne furent pas médiocrement étonnés d'entendre et de comprendre la conversation suivante :

— Bonjour, madame la Longue-Jambe, disait la dernière venue; comme vous êtes matinale aujourd'hui.

— Hélas! ma chère Tête-d'Acier, répondit l'autre, j'ai passé une bien mauvaise nuit; tous mes enfants sont souffrants et, histoire de me distraire un peu, je viens leur chercher un déjeuner frugal. Si cela peut vous être agréable, je vous offrirai un quartier de serpent ou une cuisse de grenouille.

— Mille mercis, aujourd'hui je n'ai aucun appétit; je viens à la prairie pour une tout autre raison. Je dois danser demain devant les hôtes de mon père et j'ai l'intention de m'exercer et d'étudier mes pas dans cette solitude.

A ces mots, la jeune cigogne se mit à courir à travers champs en sautillant et en prenant les poses les plus comiques, tantôt sur une jambe, tantôt battant des ailes, tantôt renversant son bec sur son dos

Ledermann et Hosenpeitel, qui suivaient d'un regard attentif tous les exercices de cette jeune ballerine, ne purent conserver leur sérieux, un éclat de rire strident et ininterrompu sortit de leur bec.

Le bailli fut le premier à reprendre son sérieux.

— Voilà une drôle d'histoire, dit-il, qu'on ne payerait pas avec de l'or. Quel dommage que notre hilarité ait effrayé ces deux sottes bêtes et les ait fait envoler, sans quoi certainement elles se seraient aussi mises à chanter. Mais qu'as-tu donc, Hosenpeitel? Pourquoi prendre subitement cet air soucieux?

Le secrétaire venait de se souvenir qu'il leur était défendu de rire pendant la transformation.

Il communiqua ses appréhensions à son maître.

— Par ma part de paradis, ce serait une bien mauvaise farce si nous devions rester cigognes. Tâchez donc de vous rappeler le mot stupide qui doit nous rendre notre forme primitive, je ne puis plus arriver à le sortir de mon bec : je sais qu'il commence par — *Mu* — mais le reste ne me revient pas.

— *Mu* — *Mu* — *Mu*, se mirent-ils à crier en chœur, en agitant leurs ailes et leur bec ; mais ce fut tout ce qu'ils purent trouver.

Ils étaient décidément voués à l'état d'échassiers permanents. Affreuse perspective. Ils ne riaient plus. Tristes et pensifs, ils se promenèrent quelque temps à travers la campagne, ne sachant que devenir ; puis, prenant leur vol, ils se décidèrent à regagner la ville. Ils espéraient trouver, au milieu de leurs anciens concitoyens, un remède à leur malheur.

Planant quelque temps au-dessus des maisons pour s'orienter, ils n'eurent pas de peine à reconnaître la maison du bailliage.

Enfin, les voilà postés tous deux sur une des cheminées. Du haut de cet observatoire, ils dominaient tous les alentours et plongeaient leurs regards mornes sur la place publique, où ils voyaient régner une agitation extraordinaire.

Toute la population était accourue à la nouvelle de la disparition du bailli et de son secrétaire. Chacun commentait cet événement à sa façon. On avait retrouvé leurs vêtements sur les bords d'un étang. Bien certainement ils s'étaient noyés. Pendant un instant, ce fut un brouhaha général.

Tous discutaient à la fois : un certain nombre parlaient déjà de nommer un nouveau bailli. Tout à coup nos deux échassiers, qui suivaient attentivement ce va-et-vient, reconnurent dans la foule le bohémien de la veille, celui qui leur avait donné le talisman. Lui aussi venait, tout heureux de sa liberté, se mêler aux badauds. Il n'avait pas été peu surpris d'apprendre la mort de maître Ledermann et de son secrétaire, et, mieux que personne, il aurait pu expliquer ce mystère.

— Ils auront ri, pendant la transformation, se disait-il *in petto*, et probablement ne reparaîtront jamais.

Pendant qu'il allait insouciemment d'un groupe à l'autre, les deux volatiles prenaient une grave résolution.

— Voilà, dit Hosenpeitel, notre coquin de bohémien qui jouit de notre malheur ; si nous nous vengions du tour qu'il nous a joué.

— Je le veux bien, répondit Ledermann, car notre position comme cigognes est désormais chose assurée. Il nous reste un toit pour demeure, une cheminée pour lit et deux yeux pour pleurer. Fais bien attention, je vais compter trois avec mon bec ; au coup de trois, nous nous précipitons sur ce maudit bohémien et nous l'éborgnons. Allons, tiens-toi prêt. *Un, deux, trois.*

Et voilà nos deux bêtes qui s'élancent d'un trait sur leur mystificateur. Malheureusement elles avaient compté sans son artifice. Le bohémien, qui était quelque peu sorcier, voyant de loin les deux oiseaux qui venaient sur lui, prononça une parole cabalistique qui fit tomber toute leur fureur : leur colère fit place à de l'hébétement, et c'est en claquant du bec qu'ils vinrent se poser tout doucement sur ses épaules. La foule stupéfaite cria au miracle. Le bohémien fut entouré et porté en triomphe. On le promena par toute la ville, et, à l'unanimité, on le nomma par acclamation bailli, comme s'il avait été désigné pour ce poste par un avertissement venu d'en haut.

Il exerça les fonctions de bailli pendant le restant de

ses jours ; il se maria et vécut heureux et respecté, car tout bohémien qu'il était, il ne fut pas plus mauvais bailli que ceux qui l'avaient précédé et qui le suivirent.

Pendant bien des années, deux cigognes venaient à chaque printemps nicher tristement sur la maison du bailliage : c'étaient Ledermann et Hosenpeitel. Contrairement aux autres couples, ils n'avaient point de petits et vivaient isolés de leurs congénères, comme deux parias.

. . . .

Voilà pourquoi, encore de nos jours, la ville de Düttlenheim porte dans ses armes deux têtes de cigogne entrecroisées sur champ d'azur.

Cette histoire, consignée dans les archives de la ville, a été l'objet des recherches de nombreux savants, qui, sous les apparences surnaturelles d'un conte, devinaient une page de l'histoire du pays.

LA SORCELLERIE EN ALSACE

La foi dans les sorts et les divinations remonte à l'antiquité la plus reculée. La pensée humaine, qui ne laisse imposer aucune limite à son domaine, en s'élançant vers les conquêtes de l'infini, aveuglée par son amour du merveilleux, tantôt s'est égarée dans des régions idéales qu'elle a peuplées de fantômes, tantôt s'est ingéniée à composer pour le monde réel des êtres privilégiés qu'elle a revêtus d'attributs nobles ou disgracieux, selon que l'admiration ou la crainte l'ont inspirée. Il ne faut pas chercher ailleurs l'origine des aruspices, des auspices, des augures, de cette foule de devins de l'antiquité païenne, des sylphes, des gnômes, des lutins et des ondines des époques plus récentes. C'est au mélange de ces traditions sur les Nymphes et les génies des Romains qu'on peut rapporter l'origine de l'une des fictions les plus gracieuses du moyen-âge, du monde féerique. Au milieu de ces fictions se rencontre toujours le sentiment du mal en lutte avec la personnification du sentiment du bien.

Le génie du mal, que l'on s'est accordé à nommer le diable, est un assemblage de tout ce qu'il y a de plus hideux. On dirait que tout le monde l'a vu, tant il y a d'unanimité dans les descriptions de son ignoble figure ; mais véritable Protée, il ne garde ce masque que pour les occasions solennelles, et sait habilement emprunter toutes les formes qui conviennent à ses projets. De cette faculté de se transformer sont nées ses intimités avec le genre humain. Il se glisse partout, recrute, endoctrine et dirige une foule d'agents corrupteurs.

C'est à ces suppôts terrestres qu'on a donné le nom de sorciers. Il y a deux siècles, personne en Alsace ne se serait permis de mettre en doute leur existence. On les voyait agir, on tremblait devant leur pouvoir. Aux treizième, quatorzième et quinzième siècles, la sorcellerie était une véritable puissance et comptait des affiliés dans tous les pays. Quoiqu'on attribuât aux sorciers les tempêtes, les grêles, les inondations, tous les fléaux en un mot, tant était grande la frayeur qu'ils inspiraient, que personne n'osait les poursuivre pour réprimer leurs maléfices.

Mais plus tard, lorsque, sous prétexte de magie, des crimes réels insultèrent à la justice humaine, celle-ci s'émut de ces désordres et sa longanimité se changea en fureur aveugle. La main du bourreau fut chargée de conjurer les charmes : ce fut un branle-bas général. Les sorciers tombaient par milliers sans défense, et cependant on ne cessait de croire à leur vertu magique. Singuliers enchanteurs, que ceux qui se laissaient couvrir de chaînes, traîner dans des prisons, jeter au feu et qui, victimes résignées, ne savaient ni rouvrir la porte de leurs cachots ni paralyser la main qui les frappait. Il n'en est pas moins vrai que les procédures révèlent des bizarreries incompréhensibles. La raison s'étonnera de cette concordance qui règne entre les déclarations des accusés faites avec spontanéité, sans contrainte, avec celles arrachées par les tortures. On n'expliquera jamais comment ces pauvres fous, au lieu de se défendre d'un crime imaginaire, s'en avouaient coupables et racontaient avec les plus minutieux détails leurs relations avec le diable.

L'ensemble de ces procédures nous dévoile un véritable drame, qu'on peut diviser en cinq actes, pendant lesquels les situations les plus terribles se mêlent à la bouffonnerie la plus grotesque.

Nous voyons successivement se dérouler devant les yeux : la séduction, le pacte, la noce, le sabbat et la mort du sorcier.

Passons rapidement ces diverses phases en revue.

La séduction. — La seduction varie, selon les personnes qui en sont l'objet. S'adresse-t-elle à une jeune fille, l'esprit tentateur prendra la figure de l'amant auquel l'imprudente aura donné son cœur. Le perfide veut-il entraîner une femme mariée, il aura soin d'exploiter les mésintelligences conjugales.

A toutes le diable promet mariage, fortune ou protection, vante ses richesses et sa générosité. Pour prix de son dévouement, d'abord il ne demande rien. A mesure que la confiance s'établit, il devient plus entreprenant; on lui résiste d'abord, mais il ne se rebute jamais, il a réponse à tout. Quand il s'aperçoit que l'on faiblit, il redouble d'efforts, paye des arrhes et finit par triompher.

Alors le désenchantement commence. Dans les étreintes de cet amant surnaturel, il y a toujours quelque chose de froid, d'infernal.

Bientôt on reconnaît que l'argent qu'il a donné s'est

transformé en coquilles de noix ou en crottin de cheval. Chose étrange! Malgré ces mécomptes, il reparaît et parvient à se faire écouter de nouveau; le manège recommence, continue et se termine comme la première fois. Avec les hommes, il emploie les mêmes agents : l'intérêt et la volupté.

Le pacte. — Trois fois les tentatives du démon se renouvellent sans qu'il se fasse connaître. C'est la première phase de l'initiation des sorciers. D'après les lois auxquelles le diable s'est soumis, il faut que trois fois il ait triomphé de la faiblesse humaine pour devenir maître de sa proie. Enfin, l'heure fatale a sonné; il s'empresse de jeter le masque et de se montrer dans l'épouvantable appareil de sa puissance infernale. Il parle en maître.

— Vous vous êtes donné à moi, vous m'appartenez. Désormais mes ordres seront des lois pour vous. Vous devez renier Dieu et vous abandonner corps et âme à moi.

Il faut ensuite que cette apostasie soit scellée de sang de l'initié. Le diable applique un baiser sur l'épaule, en fait jaillir le sang, y trempe sa griffe et inscrit dans la main de sa conquête leur pacte infernal.

Alors viennent les instructions qui doivent régler la conduite du sorcier ou de la sorcière. Il leur est défendu d'aller à l'église, à confesse; ils doivent invoquer en prière une vieille culotte, une branche d'arbre ou un autre symbole aussi absurde.

La noce. — A toute sorcière il faut un époux donné par le diable, sans préjudice des droits du mari légitime. Ce compagnon porte le nom générique de *Boul.*

Chacun des bouls reçoit un surnom grotesque, tel que Kochlœffel, Peterlin, Smalz, Laübel, etc. La sorcière reçoit un nom analogue. Les noces se font toujours de nuit, dans un endroit désert. Le diable officie en personne, revêtu d'une longue soutane noire, couverte d'un surplis. Ainsi, non seulement ces êtres se faisaient un jeu de braver la morale, mais il fallait pousser le scandale jusqu'à parodier les cérémonies de l'église. Après la célébration des noces, qui se faisaient d'une façon effective, le mariage devant être consommé sur place, en présence de tous les conviés, le diable ou celui qui le représentait, distribuait à tous, baguettes, onguents, poudres et autres instruments propres à favoriser les maléfices.

Le sabbat. — Les sorciers et sorcières avaient, en outre, des réunions périodiques auxquelles le diable les convoquait. Ils y arrivaient en traversant les airs sur des montures magiques; l'un à cheval sur un balai enduit de graisse infernale, l'autre sur une fourche, celui-ci sur un chien, celle-là sur une truie.

On pouvait se dispenser d'aller à ces clubs nocturnes en payant au diable un impôt en argent. Bien que la décence me commande de jeter un voile sur une grande partie des scènes cyniques dont le sabbat était l'occasion, il en est que je ne puis cacher; car la nature même du sujet me force à entrer dans certains détails, quelque dégoût qu'ils puissent soulever.

— La Société infernale est au grand complet, le diable préside. L'une des sorcières est renversée sur le sol et son corps mis à découvert, fait l'office de candélabre. Le sabbat commence par les hommages rendus à l'esprit immonde. Ce dernier présente son vénérable postérieur aux baisers des initiés prosternés devant sa longue queue fourchue. Lorsque tous ont payé leur horrible tribut, on allume un feu pétillant sous une marmite, dans laquelle on jette toutes sortes d'ingrédients, tels que fruits pourris, herbes sèches, têtes de crapauds, œufs de serpents, matière fécale, etc. Pendant que ce monstrueux mélange bouillonne, les assistants dansent tout nus une ronde échevelée autour de la chaudière. A tout moment un couple se détache et pénètre dans l'intérieur du cercle pour satisfaire sa luxure, et les couples succèdent aux couples...

Tous ces maléfices étaient, du moins le croyaient-ils ainsi, destinés à produire, la grêle, les ouragans, la peste, la foudre, etc. Chaque sorcier était convaincu de l'efficacité de son influence magique. La procédure fourmille d'aveux par lesquels les accusés reconnaissent avoir ensorcelé, paralysé ou tué des hommes et des bestiaux.

La mort. — Il semblerait que la prison eût dû faire tomber le bandeau des yeux à ces hommes et à ces femmes qui s'imaginaient avoir en mains une puissance infernale.

Eh bien, non! Le préjugé l'emporte. Victimes résignées, la plupart de ces malheureux reconnaissent leurs turpitudes, racontent avec détails leurs folles excursions et reconnaissent avoir mérité la mort. Jamais le doute ne surgit dans l'esprit des juges sur la réalité du sorcier ni sur sa malice.

Vers le dix-septième siècle, les exécutions de ce genre se multiplièrent d'une façon effrayante en Alsace. Chaque ville, chaque village eut pour ainsi dire sa *Tour des Sorciers*, prison terrible qui, une fois fermée, ne se rouvrait que pour livrer les victimes au supplice.

Résultat ordinaire des persécutions, la flamme qui consumait les sorciers semblait en féconder la race. Que de malheureux, dupes de sottes jongleries ou jouets de bizarres hallucinations, se vouèrent en véritables martyrs à ces épouvantables arrêts! Les formes de procédure ordinaires sont les tortures, le châtiment invariable est le bûcher.

Hâtons-nous de le dire pour la consolation de l'humanité, si la plupart du temps des aveux échappés à la folie auraient dû éveiller la sollicitude des juges, un grand nombre de condamnés ne méritaient pas un meilleur sort. C'étaient en grande partie des hommes et des femmes perdus de mœurs qui se faisaient un jeu de l'adultère, de l'empoisonnement, de l'inceste et de l'infanticide, et qui rejetaient sur les instigations du diable les funestes effets de leurs viles passions.

Ce n'est guère que vers l'année 1720 que la raison reprit son empire, et que l'on cessa de dresser des bûchers destinés à dévorer les tristes victimes de la sorcellerie.

PRINTEMPS ET HIVER

Au banquet de la vie, à peine commencé,
Un instant seulement mes lèvres ont pressé
La coupe en mes mains encor pleine.

(*La Jeune Captive.* — CHÉNIER.)

Le printemps est arrivé. — Les amandiers blancs secouent leur neige de fleurs, les pêchers deviennent roses comme de jeunes filles timides et embaument l'air de leur léger parfum d'amertume, l'aubépine ouvre dans les buissons ses petites étoiles d'argent, et la violette, clignant ses yeux bleus entre deux brins d'herbe, se hausse sur sa tige pour aspirer un rayon de soleil. Le printemps est arrivé..

Voyez là-bas deux jeunes amants, les bras entrelacés, les pieds dans la rosée, se promenant sur la lisière du bois, ils sont allés ensemble cueillir les prémices de l'année; ils se penchent amoureusement sur les délicates fleurettes, leurs fronts se frôlent, leurs lèvres se touchent, un doux baiser prolongé répond au roucoulement lointain de la tourterelle.

Elle est jeune, pure et fraîche; sa gorge s'arrondit à peine sur sa poitrine délicate; elle semble la reine de ces prairies émaillées de fleurs naisssantes; on dirait une Flore parcourant son empire en compagnie d'un Zéphir.

Le printemps a passé ; l'été, orageux et brûlant, a séché les fleurs, mûri les fruits, calciné la terre.

L'automne est déjà là avec ses brouillards sombres, sa grise tristesse, ses pluies de feuilles jaunies et ses longues nuits où le vent gémit, comme l'âme des trépassés, dans les forêts dépouillées.

Voici la jeune fille pâle, les yeux cernés d'une auréole d'azur, languissante et frileuse dans ses chaudes draperies, qui s'appuie, comme un enfant malade, sur le bras de sa mère désolée. Il n'est plus là, l'amant du printemps ; l'ingrat a fui emportant son amour ; sans cesse elle y pense, et cependant n'élève aucune plainte ; sa douleur est aussi muette que profonde ; son pauvre cœur déchiré, qui saigne, ralentit à chaque minute ses pulsations ; elle s'éteint doucement, comme une lampe privée d'huile. Penchée sur sa mère, à laquelle elle sourit tristement en cherchant à lui donner un espoir qu'elle n'a plus, elle parcourt d'un pas affaibli, tenant en main un livre qu'elle ne finira pas, cette allée où chaque feuille qui tombe emporte un de ses jours. La phthisie poursuit son œuvre, s'acharnant après sa proie.

Un matin, le ciel est plus sombre, l'air est plus froid, la terre est couverte d'un blanc linceul de givre ; la pauvrette est étendue morte sur sa couchette...

L'hiver vient d'arriver.....

LA LÉGENDE DE HANS-TRAPP

Quel est l'Alsacien qui, dans son enfance, n'a pas frissonné en entendant prononcer ces simples mots : « *Der Hans-Trapp kommt.* »

Cette phrase, si laconique, produisait régulièrement le même effet quand une mère, impatientée et à bout d'arguments, s'en servait pour faire rentrer ses enfants dans l'ordre et l'obéissance. Aussitôt les cris, les disputes cessaient, on baissait la tête en tremblant, on demandait pardon : la terrible formule avait opéré mieux que toutes les réprimandes et toutes les corrections.

Hans-Trapp est le véritable croquemitaine alsacien, création indigène de la fantaisie, ou plutôt de la justice populaire. Il ne faut pas le confondre avec l'ogre gaulois, auquel l'indépendance de l'esprit français a également attribué le pouvoir d'effrayer et de corriger les petits polissons récalcitrants.

L'Alsace a fait de *Hans-Trapp* un épouvantail, mais elle l'a soumis à l'autorité de l'enfant divin de Noël, *Krist-Kindel*, qui distribue les récompenses, *jouets et bonbons*, dans la nuit merveilleuse. Hans-Trapp est l'esclave du Christ-Enfant et n'a de pouvoir que celui qu'il lui confère; c'est, en un mot, un simple instrument chargé d'exécuter les punitions infligées.

Quel est le point de départ de ce mythe étrange? Voici ce que nous racontent les chartes originales de la ville de Wissembourg :

« Vers la fin du quinzième siècle vivait, à la cour de l'Electeur palatin Philippe, le Thuringien Jean de Trapp.

« Vain, téméraire et débauché, il n'agissait que par la ruse et la cruauté et passait pour avoir acquis un ascendant complet sur son seigneur et maître, au moyen de philtres et de charmes sataniques. Non content de l'empire qu'il exerçait, il voulut s'enrichir d'un seul coup. A cet effet, usant de son influence, il spolia l'abbaye de Wissembourg de ses forêts, de ses châteaux, de ses villages, de ses droits, franchises et privilèges. En présence de tous ces méfaits et de nombreux autres que je passe sous silence, la cour de Rome perdit patience. Il fut cité devant le tribunal apostolique et frappé d'excommunication comme sacrilège.

« Repoussé de tous côtés comme un maudit, il se retira dans le repaire qu'il s'était fait bâtir au haut du Geisberg et vécut loin de toute société humaine, comme une bête fauve que chacun fuit. La solitude fit naître en lui des goûts hors nature, contre lesquels il ne chercha pas à réagir : il était obsédé du désir de manger de la chair humaine et n'attendait qu'une occasion propice. Un jour, apercevant dans la campagne un jeune pâtre de dix ans, il tombe sur lui à l'improviste, le transperce de son épée, le traîne dans sa retraite et là, après l'avoir découpé en morceaux, il se met à le faire cuire ; mais, tout à coup, il tombe foudroyé à côté du monstrueux repas qu'il était prêt à dévorer : la justice divine n'avait pas voulu permettre l'achèvement d'un pareil forfait. »

Depuis ce temps, Jean de Trapp ou plutôt Hans-Trapp, est resté légendaire, et, même de nos jours, il a conservé l'horrible privilège d'effrayer les enfants pour la tendre chair desquels il éprouvait tant d'avidité.

LES ANIMAUX FANTASTIQUES

La fiction des animaux fantastiques repose entièrement sur la doctrine de la métempsycose, qui est arrivée à nous à travers la nuit des temps. Les diverses transformations ou *incorporations forcées* dont je vais parler sont, aux yeux du vulgaire, en Alsace, le *châtiment de Dieu* pour l'homme qui a mené sur terre une vie impie et criminelle. Dans toutes les apparitions d'animaux fantastiques, il y a deux traits caractérisques à noter : d'abord, une espèce de haine contre tous ceux qui jouissent d'une vie pleine de bonheur et de santé, en un mot une révolte contre le droit des vivants; puis, le désir de la délivrance qui se manifeste quelquefois par des signes extérieurs, tels que des gémissements, des soupirs et même des paroles.

Les âmes qui, d'après la superstition populaire, ont été bannies dans des corps d'animaux, apparaissent tantôt dans des lieux inhabités, dans les prairies, les vallées, les forêts, les ruines de châteaux, tantôt dans certains endroits qui leur ont été assignés au milieu des villes ou des villages.

En première ligne vient le fameux chasseur diabolique avec sa meute infernale. Partout, en Alsace, on le connaît : Pendant les violents ouragans, on l'entend mugir à travers la forêt; son cri de chasse est « *houdé, houdada !* » Quand le chasseur magique traverse les airs, suivi de ses chiens qui hurlent et aboient avec rage, tout tremble sur son passage. Une chose remarquable, c'est que les personnes surprises par le *Nachtgejaeg*, entendent au milieu du vacarme étourdissant de la chasse déchaînée, leur nom qui est prononcé très distinctement. Malheur à l'imprudent qui se dirige du côté de la voix qui l'appelle; il est bientôt égaré et attiré dans l'épaisseur du bois où la troupe enragée continuera de le poursuivre et le harceler jusqu'à la naissance du jour. Il y a quelques années, un paysan des environs d'Erstein revenait un soir de Kraft et traversait le Niedervald, quand il vit passer la chasse infernale. Il prétend même avoir senti sur sa figure le vent produit par les battements d'ailes des hiboux monstrueux qui voltigeaient à la suite de la meute furibonde.

Le chasseur sauvage a, dans plusieurs forêts, des endroits favoris où il s'arrête pour donner à manger à ses bêtes.

Laissons le chasseur courir avec ses chiens, et continuons à passer en revue la série des animaux fantastiques.

Dans la chronique des Dominicains de *Guebviller*, il est relaté que le *lac du Ballon* est habité par une foule de poissons d'une espèce rare et hors nature, et qui tous sont des âmes bannies qui ont des péchés à expier. Parmi eux, on remarque une truite couverte d'une mousse épaisse : sur son dos a poussé un sapin. En 1250 des *poules à quatre pattes* se sont envolées du sein du lac.

Le Kronthal est également célèbre par ses apparitions d'animaux. Tantôt c'est un cheval blanc qui, au milieu de la nuit, traverse la vallée au triple galop; tantôt ce sont deux grands chats blancs, assis l'un vis-à-vis de l'autre, qui brillent d'un éclat extraordinaire, et disparaissent aux premiers tintements de l'angelus du matin.

A Nordhausen, près du petit pont qui traverse l'Ill, on voit apparaître, vers le crépuscule, une *vache noire*, aux cornes d'or, ayant à son cou des clochettes d'argent: quand, attiré par le son des clochettes, on se dirige vers elle, on la voit qui s'approche doucement et qui cherche à vous lécher la main. Mais que quelqu'un s'avise de la frapper ou de lui jeter des pierres, elle entre alors en fureur, saisit l'agresseur sur ses cornes et le lance dans les flots de l'Ill.

A Gerstheim, sur le pont du Rhin, se tient ordinairement une oie d'une grandeur colossale, qui égare les voyageurs et leur fait perdre le chemin pendant des heures entières.

La transformation des âmes en animaux en expiation d'anciens péchés n'est pas éternelle. A un moment donné, quand la justice de Dieu est satisfaite, il leur est permis de se faire délivrer ; car, par eux-mêmes, ces fantômes sont impuissants pour la délivrance, il leur faut le concours volontaire d'un être vivant : telle est la seule condition qui leur est imposée.

Voici, à ce sujet, la légende du siège du crapaud (*Krætensthul*) :

« A Limerscheim, gros bourg d'Alsace, vivait, il y a bien longtemps, la belle et noble fille du baron Kieferhorn.

Elle était si hautaine et si insensible, qu'elle avait refusé avec dédain tous les nombreux adorateurs qui étaient venus demander sa main. Plusieurs d'entre eux se donnèrent la mort de désespoir ; d'autres périrent également en entreprenant des gageures impossibles pour arriver à la fléchir.

« Pour sa punition, elle fut bannie et retenue captive sur un rocher désert et aride, jusqu'au jour où quelqu'un viendrait la délivrer. D'après un dicton populaire, il ne lui est permis qu'une fois par semaine, *le vendredi*, de prendre une forme visible : la première fois, elle apparaît en serpent ; la seconde fois, en crapaud, et enfin la troisième fois, en *jeune* fille, comme elle était avant son châtiment.

« Chaque vendredi, elle va se laver à une source, sur le rocher qui est encore appelé aujourd'hui *le siège du crapaud*, puis elle regarde au loin si personne n'approche pour la délivrer. Celui qui veut tenter cette entreprise hasardeuse doit gagner le haut du rocher ; là il trouve un coffret renfermant des écailles jaunes de serpent, un morceau de peau de crapaud et une boucle de cheveux blonds.

« Muni de ces objets, il doit gravir ce lieu maudit un vendredi soir, à minuit, attendre que le monstre vienne se laver et, pendant trois semaines consécutives, dans chacune de ses trois transformations, l'embrasser sur la bouche sans perdre contenance ni prendre la fuite. S'il sort vainqueur de ces trois épreuves, il délivre la demoiselle et reçoit en récompense sa main et ses nombreux trésors.

« Plus d'un a cherché le coffret et s'est aventuré dans cet endroit solitaire. Plus d'un est mort de peur et d'épouvante.

« Une fois, un audacieux aventurier avait déjà effleuré la bouche du serpent et était bien décidé à tenter la deuxième épreuve, mais à la vue du monstrueux et hideux crapaud, il ne put surmonter son dégoût et s'enfuit plein d'horreur.

Pour terminer, il me reste à parler des animaux qui habitaient les villes et les villages : *Stadhiere*, *Dorfthiere*. Ces monstres fantastiques représentent ordinairement une masse lourde, informe, d'une locomotion lente et pénible; ils ont la tête d'une grosseur extraordinaire et garnie assez souvent d'énormes oreilles pendantes; leurs reins sont larges, leurs pieds trapus et solides. Dans les lieux qu'ils habitent, ils ont des endroits de prédilection où ils se tiennent plus fréquemment.

Aussitôt que l'angélus a sonné, et que les lumières s'éteignent dans les maisons, les animaux-fantômes se mettent en route et combinent leurs méchants tours.

Celui-ci, *Das Schwarze Thier*, se blottit dans un endroit obscur et culbute les passants attardés qui viennent se heurter contre lui. Celui-là, *der Dorfesel*, leur glisse entre les jambes et les porte au loin. Il paraît que ces monstres en veulent principalement aux gardes de nuit, et plus d'un, principalement à l'époque de l'avent et du carême, a dû prendre des leçons d'équitation bien étranges, et qui n'étaient certes pas de son goût.

Le *Veau-Fantôme* de Bouxviller quitte la ville vers le soir et longe la grand'route jusqu'au banc de pierre qui se trouve à l'intersection des *quatre chemins*. Là, il attend le retour d'un homme dont le cerveau est troublé par des libations excessives, saute sur son dos, s'y suspend et se fait porter ainsi par l'infortuné ivrogne jusqu'aux premières maisons de la ville.....

On m'a assuré qu'il y a quelques années, le sacristain d'Epfig a demandé formellement au conseil municipal la permission de sonner le couvre-feu, durant l'avent, un quart d'heure plus tôt que d'ordinaire, afin qu'il pût être rentré chez lui avant neuf heures, vu qu'après cette heure, il était chaque fois exposé aux molestations du *Stadtkalb*, qui, au sortir de l'église, se mettait sur son passage, s'élançait sur son dos, s'accrochait à ses épaules et se faisait porter ainsi jusqu'à son domicile, malgré ses cris de détresse.

A Colmar, un habitant ayant entendu, par une nuit d'hiver, les ronflements du *veau-nocturne*, il lui prit envie de l'observer. Il sortit la tête par les barreaux de fer de sa fenêtre; mais, à son grand effroi, sa tête, se gonflant, gagna un tel volume qu'il ne put la dégager qu'au moment où les premières lueurs du jour vinrent poindre à l'horizon.

D'après une croyance très accréditée, cette dernière série d'animaux fantastiques représente les âmes des administrateurs de communes qui, en raison de malversations passées, ont été transformés de cette manière.

Cet aperçu sommaire, qui, comme je l'ai dit en commençant, se rattache d'une façon tout à fait intime à la métempsycose, pourrait donner lieu à bien des commentaires. Je m'abstiens de toute observation et de toute critique, en me maintenant dans les limites étroites de la narration fidèle et naïve du terroir.

LA LÉGENDE DE LA NOBLE DAME DE ZORNBERG

Je ne sais pourquoi, en Alsace, le diable a choisi de préférence les moulins pour théâtre de ses exploits et maléfices. Est-ce parce que d'habitude, les moulins, sont situés dans des endroits écartés, loin de toute habitation? Est-ce parce que le monotone bruissement de l'eau et le régulier tic-tac des roues, qui troublent le calme de la nuit, provoquent des idées mélancoliques? Je serais assez tenté de le croire; car, pour ma part, il m'est arrivé souvent de m'attarder au milieu de la nuit, au fond d'une forêt où se trouvait un moulin, et j'avoue que ce bruit retentissant produisait chaque fois sur mon esprit une profonde impression de tristesse dont j'avais beaucoup de peine à me défaire.....

En je ne sais plus quelle année, par une belle matinée d'été, le noble seigneur de Zornberg se promenait dans ses domaines.

En côtoyant la rivière qui passe non loin de son château, il vit un endroit où l'eau se précipitait d'un peu haut et formait une chute capable de mettre en train le plus beau moulin du monde.

« Voilà un lieu favorable pour l'établissement d'un moulin, se dit-il, il faut que j'en fasse construire un. »

Il remonta au château et communiqua son projet à sa femme.

La dame de Zornberg n'approuva pas ce projet, qu'elle traita d'entreprise ridicule. Elle chercha, par tous les moyens possibles, à dissuader son mari; mais lui, en voyant qu'elle ne donnait aucune raison plausible, et peut-être bien aussi par esprit de contradiction, tint bon et donna aussitôt les ordres nécessaires. Bientôt, au bord de la rivière, maçons, menuisiers, charpentiers et serruriers, gâchaient, plâtraient, sciaient, tapaient, allaient et venaient, si bien qu'au bout de peu de temps, le moulin était achevé : il ne manquait plus que le meunier.

Quelques jours après, il s'en présenta un, qui fit son marché avec le seigneur, et qui, dès le soir même, s'installa dans le moulin, leva les vannes et mit le moulin en mouvement.

Le lendemain, à la première heure, le châtelain de Zornberg descendit du château et se dirigea vers le moulin pour voir comment le meunier avait passé la nuit. La porte du moulin était fermée en dedans. Il appela, frappa; pas de réponse. Il fallut enfoncer la porte. Quel ne fut pas l'étonnement du seigneur, quand il vit le meunier étranglé au milieu de sa chambre.

On ne sut comment expliquer cet événement.

Au bout d'une semaine, un second locataire se présenta, fit son bail, s'installa, et le lendemain matin fut également trouvé mort.

Trois autres meuniers eurent le même sort... Le moulin était ensorcelé. Un assez long espace de temps s'écoula sans qu'un locataire se présentât. Enfin, au moment où l'on s'y attendait le moins, un homme vint au château et demanda à s'arranger pour la location du moulin. C'était un solide gaillard, ancien militaire, qui rentrait dans ses foyers, après avoir vu des batailles dans tous les pays ; il n'avait peur ni de Dieu ni du diable; ne sachant comment s'occuper dans son village, et ayant entendu parler du moulin et de sa légende, il venait se proposer comme meunier, assumant toute la responsabilté de ce qui pourrait lui arriver.

Le châtelain ne voulut plus entendre parler de bail, et pour ne pas avoir sur la conscience la mort d'un sixième locataire, il préférait laisser tomber en ruines le moulin maudit.

L'aventurier persiste néanmoins : il veut tenter la chance, et se charge de passer la nuit au moulin, à la condition qu'on mettrait à sa disposition six jattes de lait, une miche de pain, un morceau de fromage et une petite hachette. Devant une pareille obstination, le seigneur de Zornberg fléchit et fit donner au nouveau meunier tout ce qu'il demandait. Le soir même, le bruyant tic-tac, si longtemps arrêté se faisait entendre de nouveau aux oreilles étonnées des paysans des environs.

Le meunier fit tous ses préparatifs pour passer une bonne nuit, déposa à terre ses six jattes de lait, plaça la hachette à sa portée, en cas de danger, et se mit à manger son pain et son fromage avec la plus grande tranquillité.

Tout à coup, au moment où minuit sonnait à la tourelle du château, la porte du moulin s'ouvrit et six gros chats blancs entrèrent dans la chambre et se précipitèrent chacun sur une des six jattes dont ils se mirent à laper le contenu. L'air vibrait encore du dernier coup de minuit, quand un septième chat, tout noir et plus gros que les autres, franchit le seuil de la porte : « *Êtes-vous tous ici?* » miaula-t-il en s'arrêtant; mais les chats blancs ne répondirent pas; ils étaient trop occupés à boire leur lait pour faire attention aux ordres de celui qui paraissait être leur chef. Ne recevant pas de réponse, le gros chat noir sauta au cou du meunier, qui se tenait sur ses gardes, et qui, d'un seul coup de hachette bien appliqué, lui trancha la patte droite de devant. Aussitôt, toutes les apparitions disparurent. Le meunier regarda de tout côté, et, à ses pieds, à sa grande surprise, il trouva la patte du chat qui, en tombant, s'était transformée en une petite main de femme. Il passa le restant de la nuit à réfléchir sur ce qui venait de lui arriver, sans y rien comprendre. De grand matin, le châtelain vint frapper à la porte du moulin. Il fut bien étonné de voir son locataire sain et sauf, et bien plus encore d'apprendre les effrayantes apparitions de la nuit. Pour preuve, le meunier montra la main qui gisait toute saignante au milieu de la chambre.

Le seigneur pâlit en apercevant une bague à l'index de cette main; le chaton de la bague était gravé aux armes des Zornberg. Hors de lui, il quitta le moulin sans rien dire, et regagna en toute hâte le château.

Il courut à l'appartement de sa femme. Une chambrière essaya de l'arrêter, en lui disant que la châtelaine reposait et qu'il ne fallait pas la réveiller; mais il passa outre. Arrivé dans la chambre à coucher, devant le lit, il trouva son épouse pâle et très souffrante; il demanda à lui tâter le pouls pour voir si elle avait la fièvre. La châtelaine hésita et devint plus pâle encore; le seigneur, furieux, ne pouvant plus se contenir, rejeta en arrière les draps du lit : Horreur ! Elle avait la main droite fraîchement coupée.

. . . .

Quinze jours après, la noble dame de Zornberg était jugée, condamnée et brûlée sur la place de Benfeld, comme *male femme* et sorcière.

LA LÉGENDE DU VERGISS-MEIN-NICHT

Dans le voisinage de Brisach, demeurait autrefois un chevalier nommé Rodolphe de Rapoldsec, qui, plein d'enthousiasme pour les idées religieuses de son siècle, résolut d'entreprendre une croisade.

Quittant le castel où il était né, pour aller rejoindre Saint-Bernard à Spire, il passa devant le château du comte de Franckenstein, où il reçut l'hospitalité la plus généreuse. Le noble châtelain avait une fille d'une rare beauté; Berthe, tel était son nom, avait reçu en partage un caractère doux et aimant, un cœur tendre et bon. Par une de ces soudaines et mystérieuses impulsions de l'amour, elle gagna, dès la première entrevue, le cœur du brave Rodolphe, et, de son côté, elle ne se montra pas insensible à son air noble et martial. Quand vint l'heure du départ, les adieux de ces deux nouveaux amoureux furent touchants. Ils se jurèrent réciproquement amour et fidélité.

L'image de sa maîtresse était profondément gravée dans le cœur de Rodolphe, il l'avait sans cesse présente à son esprit, et quand, une fois rendu en Palestine, il lui arrivait de se reposer, pensif et solitaire, à l'ombre des palmiers, sous le soleil brûlant de l'Orient, il soupirait après sa Berthe adorée, qui languissait tristement dans le château de son père, attendant avec impatience le retour de son bien-aimé.

Après une sanglante mêlée, Rodolphe fut blessé et fait prisonnier par les Sarrazins; pendant sa captivité, il fit vœu d'ériger une chapelle en l'honneur de la Vierge Marie, s'il retournait jamais dans sa patrie. Son vœu ne tarda pas à être exaucé. La ville des infidèles fut emportée d'assaut et Rodolphe recouvra la liberté. L'intention de remplir ses pieuses résolutions hâta son départ de Terre-Sainte, autant que le désir de revoir l'objet chéri de ses rêves.

Il s'embarqua sur le premier vaisseau qui mit à la voile et se dirigea vers son pays natal.

Avec quels transports il aperçut les bords du Rhin ! Le cœur plein d'amour et d'espérance, il gagna, au grand galop de son fidèle coursier, le château des Frankenstein. Les voilà enfin dans les bras l'un de l'autre. Rodolphe interroge le regard de sa chère Berthe, il s'enivre aux douces paroles qui tombent de ses lèvres ; il sent sa main trembler dans la sienne, son cœur palpiter contre son cœur. Elle l'aime plus que jamais. . . . .

La veille du jour qui devait les unir était arrivée, Berthe et Rodolphe, assis sur les bords du Rhin, s'abandonnaient à de folles rêveries.

Il y avait dans les traits de la jeune fille quelque chose d'angélique, son âme se réflétait sur son front candide ; un long avenir de bonheur s'ouvrait pour tous deux. . . . .

Cependant, le soleil descendait à l'horizon, prêt à se plonger dans les flots argentés du fleuve qui coulait silencieusement aux pieds de nos amoureux.

Berthe, en souvenir de cette soirée, demanda à son fiancé quelques petites fleurs bleues qui croissaient sur la rive. Celui-ci s'avance aussitôt pour les cueillir ; mais son pied glisse, et il tombe dans le fleuve, qui se referme sur lui. Par un effort inouï d'une énergie surhumaine, Rodolphe revint à la surface, et, d'une main déjà raidie par le froid de la mort, il lance à Berthe le bouquet fatal, en prononçant ces dernières paroles d'un suprême adieu : « *Vergiss-Mein-Nicht* », puis entraîné par les flots, il disparut pour toujours.

Berthe alla ensevelir au fond d'un cloître sa vie et sa douleur, et, depuis ce temps, la fleur qu'elle avait reçue a conservé le nom de :

« Vergiss-Mein-Nicht; ne m'oubliez pas ».

LA DESTRUCTION DES JUIFS

Un monstrueux événement a souillé quelques pages de l'histoire de l'Alsace, je veux parler de la persécution des juifs en 1349 et de leur destruction par le feu. Il est vrai que ces temps sont très éloignés de nous; mais le souvenir n'en est pas moins affligeant, et si, par un récit sincère et impartial des événements tels qu'ils se sont passés, je puis arriver à effacer en partie la tache qui pèse sur le pays, je croirai avoir rempli un devoir de conscience ; car, si quelques révoltés audacieux ont pu commettre au nom d'une cause qu'ils défendaient et qu'ils essayaient de rendre sainte, les forfaits les plus exécrables, ils ne doivent pas arriver à faire imprimer à la masse entière des bons citoyens le caractère de réprobation que la postérité leur réserve.

Plus de deux siècles déjà avant les événements dont je vais parler, des fanatiques parcouraient l'Allemagne prêchant l'extermination des juifs. Le motif de cette antipathie profonde venait de ce que les juifs, qui, depuis des siècles étaient au ban de la société, avaient subitement osé lever la tête, en attirant à eux, par leur ordre et leur travail, tous les produits du commerce et de l'industrie, En outre, leurs pratiques religieuses, qui étaient toujours mystérieuses; leur état d'isolement et la cupidité avec laquelle ils pressuraient seigneurs, bourgeois et manants, n'avaient fait qu'augmenter contre eux cette haine invétérée. Elle ne tarda pas à faire explosion.

En 1338, un cabaretier de village surnommé *Armleder* (à cause d'une espèce de bracelet en cuir qu'il portait à son bras), poussé par un aveugle fanatisme, se posa soudain en prophète.

« Il a reçu, dit-il, du ciel, la mission de venger le fils de Dieu et d'user de tous les moyens possibles pour faire massacrer les juifs sans pitié. »

Que fallait-il de plus à cette époque pour émouvoir une foule déjà disposée aux fureurs dont on lui faisait un devoir? La voix du faux prophète est entendue; il enflamme les masses, et bientôt une armée fanatisée élève Armleder sur le pavois. Cette milice improvisée a pour armes des haches et des serpes; à sa tête marche la croix comme étendard sacré. Elle parcourt les campagnes, et partout lève de nouvelles recrues; des flots de sang israélite inondent les villages. Bientôt même les villes ne sont plus un asile assuré. *Armleder*, enflé d'orgueil par ses succès, osa venir camper devant Colmar, en sommant les autorités de lui livrer tous les juifs qui étaient venus se réfugier dans cette ville.

Déjà le peuple s'indigne à l'idée d'un siège et demande qu'on livre les proscrits à leurs bourreaux, lorsque Louis de Bavière arrive à temps pour arrêter le cours de ces sanglants désordres. *Armleder* est battu et son armée dispersée. Mais au moment où toutes ces haines implacables semblaient vouloir se calmer, grâce aux efforts persistants de l'évêque et de tous les magistrats de Strasbourg, une circonstance des plus désastreuses aggrava subitement le mal que les bons esprits s'efforçaient de combattre. Une mortalité effrayante vint décimer tous les peuples établis sur les bords du Rhin; l'art était impuissant contre ses ravages. Dans la disposition où étaient les esprits, on parvint facilement à leur persuader que les juifs avaient empoisonné les puits et les fontaines. Peu d'entre eux périssaient de la contagion; cela tenait à ce que, comme quelques auteurs l'ont fait observer, ils ne s'abreuvaient que d'eau de rivière. Ces perfides accusations eurent un immense retentissement. Les enquêtes commencèrent, et on décréta, à Strasbourg, le bannissement des juifs. Cette mesure, tout injuste qu'elle puisse paraître, ne fut aux yeux du peuple qu'un acte de clémence contre lequel il protesta. Dans plusieurs endroits on saisit les juifs et on les livra à la torture. Un certain nombre d'entre eux, voulant sans doute s'épargner des tourments ultérieurs, s'avouèrent coupables du crime qu'on leur imputait et furent massacrés. Partout où ces actes de barbarie s'exerçaient, on invitait les autres villes à se porter aux mêmes atrocités. Depuis Bâle jusqu'à Strasbourg, ce ne fut qu'un immense bûcher, toujours renaissant, toujours demandant et dévorant de nouvelles victimes; et, comme si le parjure pouvait purifier, on faisait grâce à ceux qui consentaient à se convertir.

Le massacre des juifs, épouvantable holocauste, n'avait point calmé la colère céleste; et la peste continuait ses ravages, lorsqu'en 1356 un tremblement de terre vint ajouter à la consternation générale. Les persécutions redoublèrent; on fit périr les malheureux par milliers, sans distinction d'âge ni de sexe. Enfin, en 1372, après tous ces violents orages, un calme momentané permit au peuple de se reposer de ses agitations et de goûter pendant quelque temps les douceurs de la paix: *il n'y avait plus de juifs en Alsace.* Ceux qui avaient pu échapper à la mort s'étaient sauvés et avaient gagné les grandes villes du midi de l'Europe, emportant avec eux leurs richesses. Quand un siècle plus tard l'ordre fut définitivement rétabli les descendants des proscrits revinrent plus nombreux que jamais, et depuis ce temps n'ont plus quitté le sol qui avait été si dur pour leurs pères.

LA LÉGENDE DE TILL

(Tirée de l'allemand).

Till est le type du mauvais plaisant, du bouffon: c'est la personnification de la farce assaisonnée au gros sel; il réunit l'imbécillité caustique et la naïveté rabelaisienne. On peut le placer sur le même plan que le baron de Crak, l'archi-menteur, et le docteur Faust qui, à l'aide du diable, accomplit les choses les plus surprenantes. La tradition populaire l'a rendu immortel; nos ancêtres ont ri de ses faits et gestes, nos enfants en riront; ses réponses sont souvent marquées au coin du bon sens, ses mots ont quelquefois une portée philosophique. En somme, l'histoire de cette vie si vagabonde, si accidentée et si bien remplie est aussi intéressante et aussi instructive pour les grandes personnes que pour les enfants.

Till était le fils d'un brave paysan, *Nicolas Eulenspiegel*, de Hipsheim, petit village situé non loin des bords du Rhin, dans la Basse-Alsace. Le jour même de son baptême, il lui arriva sa première mésaventure qui, heureusement pour lui, n'eut pas de suites fâcheuses. A cette époque, c'était l'habitude, comme peut-être de nos jours encore, d'aller, au sortir de l'église, boire un coup à l'auberge voisine pour se remettre des émotions de la cérémonie. Cette noble coutume avait été rigoureusement suivie par les parrain et marraine de Till; mais il faut croire que la marraine but un peu plus qu'elle ne pouvait en supporter, car, au moment où elle traversait la passerelle de la cour, elle fit un faux pas et tomba avec l'enfant dans un énorme tas de fumier. C'est ainsi que Till fut baptisé trois fois le même jour, d'abord avec de l'eau bénite, puis avec du purin, puis enfin avec de l'eau chaude, en guise de purification; ce fut peut-être là la cause de sa précocité extraordinaire. Il avait à peine quatre ans que déjà les voisins se plaignaient à ses parents de tous les mauvais tours qu'il leur jouait. Quand il arrivait à son père de le gronder, il savait se disculper avec une telle adresse, qu'on l'aurait dit aussi innocent que l'enfant qui vient de naître, et toujours de nouvelles plaintes succédaient aux anciennes.

Un jour, son père ayant une course à faire dans les environs, scella son cheval, prit Till en croupe derrière lui et traversa le village au moment où les paysans revenaient des champs. Que fit alors ce garnement? Il leur montra à tous son derrière d'un geste si indécent qu'ils se mirent à l'injurier.

— Vois-tu, dit-il à son père sans se déconcerter, comme ils sont méchants envers moi ; je suis là, assis, bien tranquille, derrière toi, et dès qu'ils me voient, ils me disent des sottises.

Pour couper court, le père le plaça devant lui, et aussitôt Till se mit à tirer aux passants une langue longue d'une aune, chose que naturellement le vieux ne pouvait voir, et les paysans de l'injurier de plus belle.

— Tu es décidément né dans un jour de malheur, dit le père, convaincu de l'injustice de ces procédés.

Et tous deux s'en retournèrent à la maison.

A quelque temps de là, le père *Eulenspiegel* mourut, enlevé par une maladie de langueur, qui avait été provoquée par les nombreuses sottises que ne cessait de commettre son incorrigible rejeton. Il laissait ses affaires très embrouillées, et bientôt après, il fallut vendre cheval, voiture, champs et prairies, si bien qu'à seize ans, Till se trouva seul avec sa mère, dans un état voisin de la misère.

Il ne connaissait absolument rien, ne savait ni lire ni écrire ; mais, par contre, excellait à faire des malices. Un jour, sa mère le surprit pendant qu'il était en train de marcher sur une corde qu'il avait tendue à travers la rivière. Un nombreux public l'entourait. Furieuse, elle se précipite, un couteau à la main, et d'un seul coup elle tranche la corde; notre saltimbanque improvisé piqua une tête dans la rivière sans se faire aucun mal, car l'eau était profonde, et quand il gagna le bord, mouillé comme un barbet, il fut accueilli par des rires et des sarcasmes. Cette réception ironique le toucha plus que le bain forcé que sa mère lui avait fait prendre. Aussi rentra-t-il chez lui tout penaud, en réfléchissant au moyen de se venger de l'affront qu'il avait reçu.

A cet effet, il tendit le lendemain la même corde à travers la rue, réunit tout ce qu'il put de gamins qui flânaient, en leur promettant de leur faire voir un joli jeu avec des souliers.

Tous ôtèrent leurs chaussures et les lui donnèrent; il les réunit paire par paire, puis, les accrochant en file à la corde, il se mit à danser par-dessus; et quand il vit que les spectateurs commençaient à être inquiets sur leurs souliers, qu'ils réclamaient à cor et à cri, il coupa subitement la corde et tous les souliers tombèrent à terre pêle-mêle. Pendant un quart d'heure, il put rire à gorge déployée de la bataille qui s'ensuivit entre les gamins, qui étaient chacun à la recherche de son bien.

— Voilà pour vos sarcasmes d'hier, dit-il en s'en allant, très content de lui.

Un autre jour, il s'était rendu à une foire du voisinage, et là, à force d'aller d'auberge en auberge, il finit par être complètement ivre. Cherchant un endroit solitaire où il pût cuver son vin tranquillement, il avisa une série de ruches à miel, dans le nombre desquelles il y en avait de vides; il s'installa dans l'une d'elles et dormit à poings fermés jusqu'à la nuit tombante.

Il allait sortir de son gîte improvisé, quand il entendit des pas et des voix : c'étaient deux voleurs qui venaient s'emparer d'une des ruches.

— La plus lourde sera la meilleure, disait l'un en s'approchant.

Et, après les avoir examinées une à une, ils trouvèrent à leur convenance celle où était notre dormeur. Il faisait nuit sombre. Voilà les deux voleurs emportant la ruche, l'un devant, l'autre derrière, à la manière dont les Chinois portent les palanquins. Soudain, Till sort un bras par la petite ouverture et tire violemment les cheveux de celui qui était par-devant. Naturellement celui-ci se figura que c'était son compagnon qui venait de lui faire cette sotte plaisanterie, et il se mit à jurer et à sacrer.

— Je crois que tu rêves, dit l'autre. Comment veux-tu que je te tire par les cheveux; mes deux mains sont assez occupées à soutenir la ruche, qui pèse un poids colossal.

Un instant après, Till tira les cheveux du dernier, qui devint encore plus furieux que son acolyte.

— Misérable vaurien, hurla-t-il; je porte un poids à m'en rompre toutes les veines du cou, et tu es assez bête pour me tirer les cheveux. Je crois que tu es fou.

— Tu mens, répondit l'autre; je n'ai pas le loisir de penser à de pareilles absurdités. C'est à peine si je puis reconnaître mon chemin, tant il fait noir.

Et ils continuèrent ainsi à s'injurier et à se disputer, tout en marchant à tâtons, jusqu'à ce que Till tirât de nouveau le premier des voleurs, mais avec une telle violence que sa tête vint cogner contre la ruche. Alors, perdant patience. celui-ci laissa tomber son fardeau par terre et se rua avec rage sur son camarade, qui, pour parer le coup, lâcha également sa charge : les voilà s'administrant tous deux la plus belle raclée du monde, pendant que Till sortait tranquillement de sa cage et regagnait en riant la maison paternelle.

Comme Till ne travaillait pas, et par conséquent ne gagnait rien, les produits du rouet de la vieille mère étaient plus qu'insuffisants, et, bien souvent, il n'y avait pas un morceau de pain à la maison; cet état de choses déplut à Till. La faim fait souffrir. Aussi, un jour, s'armant de résolution pour remédier à un jeûne qui menaçait de se prolonger, il prit un vieux sac qui avait un trou dissimulé sur le côté, puis s'en alla à Hochfelden, où il n'était pas connu.

Entrant dans la boutique d'un boulanger : « Je viens, dit-il, chercher, de la part de mon maître, qui loge au *Bœuf-Rouge*, pour trois écus de pains. Si vous voulez me confier les miches, votre apprenti m'accompagnera, et mon maitre lui remettra l'argent. »

Le boulanger, sans défiance, remplit le sac de pains pour la somme convenue, et Till partit avec le mitron. En route, notre vaurien laissa tomber un pain par le trou caché. Il avait choisi pour cela un endroit bien sale et bien boueux.

« Je n'oserai jamais présenter ce pain souillé à mon maître, dit-il à l'apprenti qui avait déjà ramassé le pain et était en train de l'essuyer du revers de sa manche ; Cours vite chez ton patron, et apporte m'en un autre. Je vais t'attendre ici. »

Le jeune homme se laissa convaincre, retourna à la boutique en toute hâte, et quand il revint avec un nouveau pain, Till avait disparu ; il se rendit à l'auberge du *Bœuf-Rouge*. On ne connaissait ni maître ni domestique. Le boulanger, quand il sut cela, comprit, un peu tard, qu'il avait été dupé.

Rentré chez lui, Till remit les pains à sa mère, qui ne pouvait assez le remercier, et l'encourager dans cette bonne voie; mais il se garda bien de dire de quelle manière il se les était procurés.

Un beau matin, désireux de voir le monde, le modeste horizon de son village ne suffisant plus à ses vastes conceptions, il embrassa sa vieille mère, et un bâton à la main, il se mit en route pour l'Inconnu, sans autre ressources que sa malice, dont il avait ample provision.

Au quatorzième siècle, on ne connaissait pas encore les guides imprimés, les itinéraires, les cartes et les poteaux indicateurs. Quand on voyageait d'un point à un autre, c'était un peu au hasard. En partant on pouvait faire son testament, car on n'était pas plus sûr d'arriver que de revenir.

Mais Till ne s'inquiétait pas de si peu.

— On trouve partout du pain à manger, se disait-il philosophiquement.

Il arriva ainsi à un village badois, où le curé le prit comme domestique. Il parut très heureux de cette chance, mais sa joie ne dura guère, car, autant il plaisait au curé pour sa gaîté et ses bons mots, autant il était antipathique à la vieille gouvernante, qui mit à son maître le marché à la main, d'avoir à choisir entre elle et lui.

Le curé ne pouvait hésiter, et après avoir payé ses gages à Till, qui avait passé deux mois à servir la messe, à sonner les cloches et à cultiver le jardin, il le congédia en lui souhaitant bonne chance et bon voyage.

Voilà de nouveau l'aventurier sur le pavé. Ses nippes sous le bras, il arriva, après un long voyage rempli de péripéties, à Magdebourg. Mais déjà la réputation de ses drôleries l'avait précédé : quand on sut que Till Eulenspiegel logeait à l'hôtel du *Plat d'argent*, une députation d'ouvriers vint lui rendre visite en grande pompe, le priant de leur donner un échantillon de son savoir-faire, en accomplissant quelque chose de nouveau et d'extraordinaire.

— Bon, répondit-il, demain matin vous me trouverez sur le toit de la maison communale, et quand vous serez tous réunis, je volerai à terre...

Cette nouvelle comme une traînée de poudre, se répandit dans toute la ville, et le lendemain la moitié de la po-

pulation se trouvait réunie devant l'Hôtel de Ville pour jouir de ce prodige.

Chacun ouvrait les yeux et la bouche.

Voilà enfin Till qui paraît sur la toiture et qui avance ses bras comme s'il allait voler; puis, se ravisant et s'adressant à la foule qui grouillait à ses pieds :

— J'avais cru jusqu'à ce jour, dit-il, que j'étais le seul insensé qu'il y eût sur terre; à présent je vois que la moitié de Magdebourg pourrait porter le bonnet à grelots. Vous m'auriez tous assuré que vous saviez voler, je vous aurais ri au nez en vous traitant de menteurs et de fous; car sans plumes et sans ailes, personne ne saurait traverser les airs.

Et sur ces mots, il disparut.

La foule s'écoula honteuse et confuse en disant :

— C'est un misérable, mais il a raison.

Plus tard, à Nuremberg, où Eulenspiegel s'était fait annoncer à son de trompe comme un célèbre docteur qui guérissait toutes les maladies, il eut une autre aventure.

L'hôpital était bondé de malades, et le directeur aurait voulu volontiers se débarrasser d'une grande partie de ses pensionnaires. Il alla donc trouver Till, qui l'assura de la guérison complète, en un seul jour, de tous les malades de l'hôpital, et qui, pour cela, ne demanda que cent écus d'honoraires payables seulement après la réussite de ses cures.

Le directeur enchanté conclut le marché, et lui donna dix écus comme arrhes.

Dès le lendemain matin, le nouveau docteur visita un certain nombre de malades, et s'adressant à chacun d'eux en particulier, il leur dit : « Ce que je vais vous découvrir doit rester un secret entre vous et moi : pour vous guérir tous, il faut que je sacrifie le plus malade d'entre vous; car, avec le produit de ses os pulvérisés, je composerai un remède qui remettra immédiatement les autres sur pied. Faites donc bien attention, cette après-midi, quand le directeur vous appellera, et tâchez de ne pas être le dernier à vous lever, pour qu'on ne vous prenne pas pour le plus malade.»

Quand l'heure solennelle fut arrivée, le directeur se rendit au dortoir, suivi du docteur.

« Tous vos malades sont guéris, dit ce dernier.

« Ouvrez la porte, et engagez ceux qui se sentent guéris à sortir; vous verrez qu'il n'en restera pas un seul. »

Le directeur suivit exactement la prescription, et tous les malades à la fois se levèrent et se sauvèrent. Eulenspiegel se fit compter le reste de ses honoraires et s'en alla au plus vite.

Deux jours après, les malades revinrent à l'hôpital, plus souffrants que jamais, en expliquant la raison pour laquelle ils s'étaient sauvés avec tant d'empressement; mais le *faux docteur était déjà loin.* Il gagna Strasbourg et entra comme mitron chez un boulanger de la Kruteneau. Pendant deux jours il travailla d'arrache-pied avec son nouveau patron; le troisième jour, son maître lui dit :

« Ce soir, tu cuiras tout seul; je ne t'aiderai pas, car je me sens fatigué et vais aller me coucher? »

« Je suis tout prêt, répondit Eulenspiegel: mais que faut-il cuire? »

« Tu veux être garçon boulanger, et tu me demandes ce qu'il faut cuire? Que cuit-on, généralement? des chats et des hiboux? »

Till se le tint pour dit, et aussitôt son patron au lit, il se mit à façonner, avec la pâte du pain, des petits chats et des hiboux. Puis, ce travail terminé, il mit le tout dans le four.

Le lendemain matin, quand le boulanger descendit et vit le travail de son garçon, il devint furibond, l'empoigna au collet, et, le secouant comme un prunier : « Fichu vaurien, lui dit-il, que veux-tu que je fasse avec le produit de ton ouvrage de cette nuit; personne ne voudra m'acheter cela. »

« Maître, répondit Eulenspiegel, toujours en pleine possession d'à-propos. Abandonnez-moi cette fournée de chats et de hiboux, et je vous payerai votre farine. »

Le boulanger, trop heureux de rattraper l'argent de sa farine, accepta le marché et envoya Till à tous les diables. Celui-ci, aussitôt dans la rue, se rappelant que les Strasbourgeois étaient tous des badauds très friands de nouveautés, se rendit sur la place du marché, et mit en vente ses petits pains en forme de chats et de hiboux. Une heure après tout était vendu avec un beau bénéfice. Ensuite, il se mit en route pour Heidelberg; arrivé dans cette ville, il revêtit une longue redingote, mit un grand chapeau sur sa tête, et alla rendre visite à tous les professeurs de l'Université, se donnant comme un de leurs collègues d'Alsace. Il leur proposa de se soumettre à un examen, durant lequel on pourrait lui poser les questions les plus ardues et les plus difficultueuses; il se chargeait de les résoudre toutes sans exception. Au jour fixé, en présence de toutes les facultés réunies, Till Eulenspiegel parut à la barre; et le recteur de l'Université, prenant la parole, lui posa les quelques questions suivantes :

— Combien la mer renferme-t-elle de gouttes d'eau?

La réponse fut à la hauteur de la demande :

— Si vous pouvez faire en sorte que tous les ruisseaux, rivières et fleuves qui se jettent dans la mer cessent de couler pendant un quart d'heure, je me chargerai, dans cet intervalle, de mesurer l'eau de la mer avec une telle précision qu'il ne manquera pas une goutte à mon calcul.

Le recteur reprit :

— Combien de jours se sont écoulés depuis la création d'Adam?

— Seulement sept jours; quand ceux-ci sont passés, il en revient sept autres, et ainsi de suite, jusqu'à la fin du monde.

— Où se trouve le milieu de la terre.

— Ici, à la place où je me trouve. Si vous ne me croyez pas, prenez une corde et mesurez la circonférence en partant de ce point; Si je me trompe de l'épaisseur d'un cheveu, je m'avoue un âne.

— Quelle distance y a-t-il de la terre au ciel ?

— Une distance si minime, que quand on parle sur la terre, on l'entend au ciel. Pour vous en convaincre, montez-y, et je vous appellerai d'ici. Si vous ne m'entendez pas, je me reconnais vaincu.

La savante Université était confondue.

Décidément, Till Eulenspiegel était plus retors, plus malin et plus fin qu'eux tous réunis. On le congédia avec force honneurs et félicitations.

Le voilà de nouveau, traversant monts et vallées pour voir du pays; l'argent qu'il gagnait par ses malices étant aussitôt dépensé follement, il se trouvait toujours à sec, et, par conséquent, se voyait toujours dans la nécessité de recommencer ses tours de bâton.

Il s'arrêta à Marienthal, où il y avait un couvent de femmes; le jour de son arrivée était précisément jour de marché. Bonne aubaine qu'il ne fallait pas laisser échapper.

S'adressant à une marchande qui lui paraissait assez naïve, Till lui dit :

« Combien vendez-vous votre paire de poulets que je vois là, dans le panier, à côté de ce coq étique. »

« Quatre gulden » fut la réponse.

« Ne pourriez-vous pas me les laisser à meilleur compte ? »

« Non. »

Et voilà Eulenspiegel qui prend le panier avec tout son contenu, et se dirige vers la sortie du village.

Mais la femme, qui ne se payait pas de cette monnaie, lui courut après en lui criant :

« Hé! dites donc, bourgeois, vous ne m'avez pas soldé mes poulets. »

« Mais, je ne demande pas mieux que de les payer, répondit Till. Je suis le nouveau secrétaire de l'abbesse du couvent. Vous n'avez qu'à m'accompagner. »

« Je ne connais pas votre abbesse, reprit la marchande, et n'ai rien à démêler avec elle. Payez-moi, sinon je m'accroche après votre habit, et je ne vous laisse pas partir. »

« Puisque vous le prenez sur ce ton, je vais vous laisser en gage le coq, de cette manière, vous serez certaine que je reviendrai vous rapporter votre argent et votre panier. »

La sotte femme accepta ce marché, prit son propre coq en gage, et attendit vainement le retour du filou.

Cherchant à se faire oublier pendant quelque temps; il entra à Brumath, chez un forgeron, comme garçon de forge, en cachant soigneusement son identité. Mais, chassez le naturel, il revient au galop. Quand, le lendemain de son installation, son maître vint le réveiller à la pointe du jour pour qu'il se mît à l'ouvrage, Till trouva cette exigence un peu sévère; sur l'observation qu'il en fit, le forgeron lui répondit : « Telle est mon habitude; les premiers huit jours, j'exige que mes ouvriers ne dorment que la moitié de la nuit, afin de s'habituer au travail ». L'autre ne dit mot; mais quand, la nuit suivante, on vint de nouveau le réveiller; il se leva, s'attacha le matelas sur le dos avec l'oreiller et la couverture, descendit ainsi harnaché à la forge et se mit à forger et à battre sur l'enclume comme un enragé... Survint le patron, qui demeura stupéfait devant cet accoutrement.

« Que veut dire cette plaisanterie, cria-t-il, tu es donc un diable incarné? »

« Maître, riposta Eulenspiegel, telle est mon habitude: je passe la moitié de la nuit étendu sur le matelas et l'autre moitié, le matelas se trouve étendu sur moi. »

Il n'y avait rien à répliquer. Content de sa réponse, Till alla se débarrasser de son attirail, et, quand il revint, son maître, qui s'était radouci, lui ordonna de souder tout ce qui était à souder dans la forge, et ensuite d'abattre le plus de clous possible.

Till prit cet ordre à la lettre, et, réunissant tous les outils qui se trouvaient sous sa main : marteau, tenailles, cisailles, crochets, écrous, etc., il souda le tout ensemble : puis il prit tous les clous qui étaient dans la boutique et il en abattit consciencieusement les têtes. Prévoyant la réception que son maître lui ferait en présence de ce beau travail, il fit un paquet de ses hardes et s'apprêta à lever le pied, quand soudain il lui vint une inspiration sublime : son nom, Eulenspiegel, avait une double signification : en allemand, *Eul* veut dire *hibou* et *Spiegel*, *miroir* : se servant donc de ces deux symboles, il dessina sur la porte, avec de la craie, un hibou fantastique, qui, dans une de ses griffes, tenait un miroir, avec ces mots comme légende : « *Hic fuit* » ; puis, prenant ses jambes à son cou, il disparut.

Quand le forgeron rentra, il faillit tomber à la renverse. L'indignation le suffoquait.

— En voilà du joli, vociféra-t-il en s'arrachant les cheveux de désespoir. Où est-il ? que je l'étrangle, ce méchant drôle, qui m'a tout abîmé.

Ce fut encore une autre affaire, quand il aperçut la caricature qui se trouvait sur la porte. C'était pour lui une énigme indéchiffrable. Désirant en avoir le cœur net, il courut chercher le maître d'école, qui, après l'avoir calmé, lui expliqua clairement la chose.

« *Eulenspiegel* a passé par ici », voilà ce que voulait dire ce rébus. Pareil à l'ouragan qui détruit tout sur sa route, Till avait laissé les tristes traces de son passage. Le forgeron se consola en se disant qu'il était bien heureux que cet aventurier de malheur ne fût resté chez lui que deux jours.

De là, Till se rendit à Colmar, et descendit à l'auberge

de *la Licorne*, sur la place du marché. Non loin, se trouvait une boutique de tailleur, qui avait installé ses trois ouvriers sur une espèce d'échafaudage soutenu par de forts poteaux. Chaque fois que Till sortait pour aller faire un tour de promenade, ces trois chevaliers de la couture se moquaient de lui et lui lançaient des chiffons avec force quolibets.

— Vous me payerez cela, mes gars, dit-il *in petto*.

La nuit venue, il scia les quatre poteaux qui soutenaient la plate-forme, et quand, le matin, les ouvriers se furent assis comme d'habitude, chacun à sa place respective, Till se mit en embuscade et attendit l'occasion propice, qui ne se fit pas attendre. Au bout de quelques minutes, un paysan vint à passer, conduisant un troupeau de porcs. Voilà Till qui se précipite au milieu de ces animaux en poussant hurrah sur hurrah, si bien qu'il finit par effrayer toute la bande, qui se dispersa en tous sens : les plus pressés, en se sauvant, se cognèrent contre les poteaux, qui ne tenaient plus, et les tailleurs dégringolèrent du haut de leur échafaudage au milieu des porcs, qui n'en pouvaient mais. Eulenspiegel était vengé : mais il continua à vouer à la corporation des tailleurs une haine profonde.

Aussi, à peine arrivé à Mulhouse, prit-il la résolution de leur jouer une farce dont ils se rappelleraient pendant longtemps.

A cet effet, il fit parvenir une missive à tous les tailleurs des pays environnants, les invitant à se rendre à Mulhouse, où lui, célèbre inventeur, venant de lointaines contrées, se chargeait de leur apprendre une chose dont eux et leurs descendants tireraient grand profit.

Cette nouvelle se répandit jusque dans les plus petits hameaux, et, à quelque temps de là, sur tous les chemins qui conduisaient à Mulhouse, on ne voyait que tailleurs se rendant à la réunion d'Eulenspiegel.

Quand ils furent tous rassemblés sur la grande place de *l'Homme-de-Fer*, Till monta dans une maison voisine, et, se montrant à la fenêtre du premier étage, il les harangua en ces termes :

— Honorables maîtres de la coupe! Quand vous possédez des ciseaux, des aiguilles, un dé, un mètre et un fer à repasser, vous avez à peu près tout ce qu'il faut pour être un tailleur respectable, et pour obtenir cela, il n'est besoin ni de malice ni de science.

Mais là où réside la science, c'est dans ce que je vais vous apprendre.

Aussitôt que vous avez enfilé votre aiguille, n'oubliez jamais de faire un nœud au bout de votre fil, sinon, vous risquez de faire bien des points inutiles.

Puis, il cessa de parler.

« Est-ce là tout ce qu'il a à nous apprendre, crièrent les tailleurs en chœur : nous savions de longue date ce qu'il vient nous annoncer comme une science nouvelle; ce n'était vraiment pas la peine de faire une dizaine de lieues pour venir jusqu'ici nous laisser berner ainsi. » Eulenspiegel reprit :

« Puisque je vois qu'au lieu de me remercier, vous accueillez avec malveillance ma communication. Eh bien! retournez d'où vous venez, et laissez-moi tranquille. — Je suis Eulenspiegel en personne. »

Sur ces mots, il ferma la fenêtre et disparut par une sortie qui donnait dans une petite ruelle, pendant que les tailleurs, furieux d'être joués, prenaient la maison d'assaut, décidés à faire un mauvais parti au drôle qui depuis tant d'années tenait toute l'Alsace en éveil. Ils en furent pour leur peine, la cage était vide, l'oiseau avait gagné le large.

Plus tard, à Schlestadt, il entra chez un pâtissier-restaurateur en qualité de marmiton.

Le jour même de son entrée en fonctions, son nouveau

patron était invité à une noce; après lui avoir préparé tout l'ouvrage, il s'en alla en lui disant : « Toute la fournée est prête, tu n'as absolument qu'à allumer un bon feu et à le surveiller pendant toute la soirée. »

« Mais maître, dit Till, avec quoi dois-je faire du feu.

« — En voilà une question, n'ai-je pas assez de bois dans mon bûcher, et quand même il n'y en aurait pas un brin, est-ce que tous les bancs et toutes les tables qui sont ici ne suffiraient pas amplement pour allumer dix fours comme celui-ci ? »

Une fois seul, Till brisa sans sourciller les tables, les chaises, et alluma avec les débris un feu si ardent qu'il calcina toutes les pièces de pâtisserie. Cet exploit accompli, il mit son sac sur le dos et reprit ses pérégrinations vagabondes. Quand le pâtissier constata le lendemain tout le dégât que lui avait causé son maudit marmiton, il reconnut immédiatement la main d'Eulenspiegel qui avait pour principe d'exécuter toujours à la lettre ce qu'on lui disait de faire.

A l'époque du carnaval, Till arriva à Erstein. Tous les gros bourgeois de l'endroit faisaient partie d'un cercle appelé le cercle des francs-lippeurs. A l'occasion des fêtes du mardi-gras, ils avaient organisé un grand banquet, et deux d'entre eux avaient été chargés de l'achat des provisions. Ils avaient déjà en réserve : poisson, volailles, légumes, rôti, sucreries, etc.; le gibier seul faisait défaut, et les francs-lippeurs aimaient beaucoup le gibier et principalement le lièvre. Malheureusement il était très rare cette année, et, malgré toutes les recherches, on n'avait pu encore en dénicher un seul.

Quand Eulenspiegel connut cela, son parti fut vite pris. Il demanda secrètement à la femme de l'aubergiste, chez lequel il logeait, une vieille peau de lièvre; se procura ensuite un chat de gouttière tout vivant, cousit le chat dans la peau, et, après s'être habillé en paysan de la campagne, alla l'offrir aux commissaires chargés des achats. Ceux-ci s'empressèrent d'autant plus de l'acheter, sans marchander, que le soi-disant lièvre étant vivant, ils étaient bien certains de l'avoir frais. On l'enferma dans la petite cour du bailliage, car il ne devait être tué que la veille du banquet. Dans la journée, les commissaires enchantés de leur acquisition, amenèrent chez le bailli un certain nombre de membres du cercle, pour leur faire admirer le beau lièvre qu'ils avaient acheté; mais, tout à coup, le chien du greffier se lance à la poursuite de la bête qui, tout effarée, se sauva et en deux bonds grimpa sur un arbre en poussant plusieurs « miau » plaintifs.

Les assistants se regardèrent étonnés, et s'en allèrent en s'excusant auprès des commissaires de ne pouvoir venir goûter leur rôti de chat. . . . .

Till, ayant entendu parler d'un marchand de vin qui demeurait à Benfeld et passait, à dix lieues à la ronde, pour l'homme le plus madré et le plus rusé que l'on pût trouver, résolut de se mesurer avec lui. Jetant un vaste manteau sur ses épaules, il prit deux énormes cruchons identiquement pareils, dont il remplit l'un d'eau claire; puis, s'étant rendu auprès de l'individu en question, il demanda à lui acheter de son meilleur vin, et lui présenta le cruchon vide, en ayant soin de dissimuler le second sous son manteau. L'autre prit le cruchon, descendit à la cave, et le remplit de vieux vin blanc de Johannisberg; remontant ensuite, il remit le cruchon à Till, en lui disant :

— Cela fait dix gulden que vous me devez.

— Comment, dix gulden, riposta Till, c'est bien trop cher, et, de plus, je n'ai pas cette somme sur moi.

— Alors, rendez-moi mon vin, fit le marchand furieux; ce n'était pas la peine de demander du meilleur vin et de me déranger, du moment que vous n'aviez pas de quoi payer.

Et, tout en grommelant entre ses dents, il prit le cruchon plein d'eau que lui tendait Till, et redescendit à la cave le vider dans le tonneau par la bonde. Il était refait sans s'en douter.

Une des dernières et non moins curieuses aventures de Till fut celle qui lui arriva avec le curé de Molsheim, chez lequel il était entré comme domestique.

Un soir, le curé lui dit :

— Tu vas bien me nettoyer la voiture et tu la graisseras ensuite, afin qu'elle soit toute prête pour demain matin, car tu auras à me conduire, avec mon vicaire, à la fête patronale d'Eschau.

Eulenspiegel commença aussitôt son travail, et après le nettoyage, il se mit à graisser la voiture ; mais au lieu de s'en tenir aux roues, il passa partout avec son saindoux, sans oublier le siège, toujours d'après sa louable habitude de prendre à la lettre tous les ordres qu'il recevait.

Le lendemain, avant que le jour parût, ils se mettaient en route tous les trois : le domestique, le curé et son vicaire.

Au bout d'un instant, le curé, qui voulait changer de position, mit les mains sur le siège qu'il sentit tout gras. Il fit aussitôt arrêter la voiture, et constata, à sa grande stupéfaction, que tout l'intérieur avait été frotté avec du saindoux. Pendant que le curé et son vicaire nettoyaient leurs places en injuriant Till à qui mieux mieux, celui-ci résolut de pousser plus loin encore sa malice.

Dans cette intention, il enleva l'écrou et la vis qui reliaient les deux parties de la voiture entre elles ; puis, se remettant en place, il fouetta ses chevaux et partit au galop. Mais voilà l'arrière-train qui reste en plan avec le vicaire et le curé, qui faisaient des gestes désespérés, pendant que Till filait à toute vitesse sur les deux roues de devant.

. . . .

Je pourrais continuer à raconter une centaine d'autres

aventures du même genre, mais j'aurais peur de fatiguer le lecteur.

Je passerai également sous silence la mort d'Eulenspiegel qui fut non moins originale que sa vie. Comme Rabelais, il put aussi dire en expirant : « *La farce est jouée.* »

Quand on arriva au cimetière, pour mettre son cercueil en terre, la corde qui soutenait le côté des pieds vint à casser, et le cercueil tomba tout droit dans la fosse; de cette manière, Eulenspiegel, même mort, se trouvait debout sur ses pieds, position plus qu'extraordinaire et qui répondait entièrement à ses habitudes passées. On considéra cet événement comme un merveilleux hasard, et, de nos jours, on peut encore lire sur sa tombe, à Ratzenheim, où il est enterré, l'épitaphe suivante :

« *Hic jacet* Till debout,
Original en tout. »
Anno Domini 1350.

FIN

TABLE DES MATIÈRES

1 Préface 7
2 La Malédiction du Ménestrel 9
3 Le Hoh. Kœnigsbourg 13
4 La Légende de Sainte-Odile 16
5 La Légende de Sainte-Richarde 20
6 Un Drame à Strasbourg 25
7 La Légende de l'Horloge 31
8 Les Souterrains du château de Bade 36
9 La Légende de Vilibald 42
10 Les Esprits familiers et les Génies tutélaires 47
11 La Pipée 52
12 La Table en Alsace 58
13 La Légende du Bailli 62
14 La Sorcellerie en Alsace 69
15 Printemps et Hiver 75
16 La Légende du Hans-Trapp 76
17 Les Animaux fantastiques 78
18 La Légende de la noble dame de Zornberg 83
19 La Légende du Vergiss-mein-nicht 87
20 La Destruction des Juifs 89
21 La Légende de Till 92

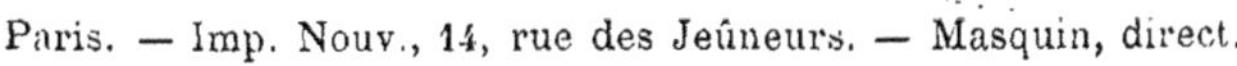

Paris. — Imp. Nouv., 14, rue des Jeûneurs. — Masquin, direct.

www.ingramcontent.com/pod-product-compliance
Ingram Content Group UK Ltd.
Pitfield, Milton Keynes, MK11 3LW, UK
UKHW020331180726
13839UKWH00002B/653

9 782329 476896